本书为教育部人文社会科学研究青年基金项目
"基于语料库的汉语二语课堂合作学习研究"
（20YJC740034）阶段性成果

国际中文课堂的合作学习研究

A Research on Cooperative Learning of International Chinese Classrooms

刘　路　著

社会科学文献出版社
SOCIAL SCIENCES ACADEMIC PRESS (CHINA)

怀念我的父亲　刘世生教授

In Memory of My Dearest Father，Dr. & Prof. LIU Shisheng

序

合作学习理论兴起于 20 世纪 70 年代初，改变了传统的以知识为本的教学理念，关注以发展为本的素质教育，之后被广泛应用于各类学科知识的课堂教学中。第二语言教学领域也借鉴这一理论，展开了行之有效的课堂教学实践。合作学习成为二语教学的常见活动，应用于不同课型及不同水平的课堂中。

合作学习具有独特的互助机制和交流机制，本书对两个机制都进行了仔细的分类并确定具体表现和作用，所提出的"同伴支架"概念解释力很强。并不是所有的合作学习都是好的，还要注意更多方面的细节。好的学习者不一定是好的合作者，而消极的学习者一定不是好的合作者。本书将二语课堂合作学习互动模式分成五种，对每一种都进行了话语特征分析，找出最有利于课堂合作学习的模式，得出的结论令人信服。

合作学习的影响因素也比较多元，如教师、学习者和课堂环境等。

教师是影响课堂教学的最关键因素。合作学习看似为生生之间的互动，但实际上要靠教师的积极组织、合理调动才能进行。合作学习是一个过程，教师的角色并非自始至终一成不变，不同的阶段会因目的或作用不同而改变，如充当引导者、监控者、协调者、评估者等，有时这些角色还会叠加。优秀的教师具备良好的综合素质，能够适时调整、自如转换角色。本书为教师在合作学习活动中如何教学提供了切实可行的建议，帮助教师缩短摸索时间，很快进入相应角色，对于职前教师、新手教师都有着很强的指导意义。即使是已有一定经验的教师，通过本书也能够了解到合作学习的规律和方法，进而将其运用到实际教学中，这对于教师的在职培养和终身学习都极为有益。

本书作者刘路善于吸收新的理论，除了运用传统的社会文化理论、合作学习理论之外，还将课堂环境理论引入合作学习研究中，本书明晰了课堂环境的构成及作用。而合作学习是如何展开的，必须像做田野调查一样，深入课堂进行实地考察、细致观察，获取第一手资料，才能再从中进行分析，全面探讨并总结合作学习的规律。

刘路不仅通过课堂观察获得语料，还对学习者进行访谈，挖掘合作学习背后所隐藏的规律。她所研制的《国际中文课堂合作学习环境量表》，对于促进课堂教学、评估合作学习环境，从而提升教学质量是一个重要贡献。能够提出创新性观点、提供有效的研究工具，这对青年教师来说难能可贵，这得益于她具有扎实的研究基础，眼光独到，不断思考，培养了发现问题并解决问题的能力。

科研内容是核心，研究方法是利器。刘路读博士期间即掌握了扎实的质性研究方法，在与我合作撰写《国际汉语教师教育课例研究》一书的过程中，她作为观察者深入课堂，作为一个"看得见的隐身人"，长期跟踪研究，积累了大量的观察笔记及访谈资料。她的博士论文《汉语第二语言课堂合作学习的运行机制及影响因素研究》就以合作学习为研究对象，这也成为她后来努力的方向。她入职后不久即以"基于语料库的汉语二语课堂合作学习研究"为题入选了教育部人文社会科学研究青年基金项目，作为阶段性成果，这本书也是她在合作学习研究方面的某种体现。我很高兴她具有坚定的信念，专注于一个研究领域，长期不懈地深耕细作，研究越来越深入。这份执着同样能够助力她继续开拓，对二语课堂教学的其他相关研究也能够取得令人欣喜的成绩。

刘元满

2023 年 10 月 11 日

目　录

图表目录

第一章 绪论

第一节 研究问题

新的时代，国际中文教育学科在中外语言交流合作、世界多元文化互学互鉴的过程中，正发挥着日益重要的作用。2022 年 12 月，习近平主席在给沙特中文学习者的回信中指出，语言是了解一个国家最好的钥匙。学习彼此的语言，了解对方的历史文化，将有助于促进两国人民相知相亲，也将为构建人类命运共同体贡献力量。国家"十四五"规划和 2035 年远景目标纲要也提出了"建设中文传播平台，构建中国语言文化全球传播体系和国际中文教育标准体系"的目标。国际中文课堂教学，是国际中文教育学科建设的出发点与落脚点，相关研究在学科正处于转型升级、动能转换的当下，有重要的科研价值与实践指导作用。

一 选题缘由

本书选题源于国际中文口语课堂的教学实践及课堂观察。在口语课堂教学中，合作学习是课堂中较多出现的活动，学习形式以两人一组的结对儿活动为主，也会出现少量 3～4 人一组的小组活动。分组活动的内容多样，有课文朗读、观点讨论、角色扮演等。中高级阶段的形式更加丰富，有主题辩论、模拟采访等形式。与其他课堂教学组织形式相比，合作学习在增加课堂教学中的交际性操练、提高学生的开口率、提升课堂互动程度以及减少学生的学习焦虑等方面，都发挥着重要的作用。

通过对多名教学经验丰富的专家或熟手教师的访谈，我们了解到，教师普遍认同口语课堂中的合作学习是重要而且必要的。一项针对 445 名语言教师使用教学方法的调查研究也显示，在二语/外语课堂教学中，合作学习得到普遍应用，高达 80% 的教师正面、积极地评价了合作学习，认为分组练习是效率较高的教学活动。在此项调查中，教师们还被要求选出最有价值的两项教学活动，其中分组活动被选择的比例最高（王瑞烽 2007）。无独有偶，在为提升美国语言教师教学效能而研发的"语言教师教学效能课堂观察量表"中，"双人与小组活动"是重要的观察指标之一。量表制定者指出，在双人与小组活动中，学生有更多的机会使用目的语，也更愿意说话，因此双人与小组活动一直在语言课堂上受到教师的青睐（美国"语言教师效能课堂观察量表"，转引自丁安琪 2014）。

笔者访谈了来自 13 个国家的留学生，了解到学生普遍愿意积极参与课堂中的合作学习，他们感觉合作学习带给自己学习汉语的最大收获是增加了说中文的机会；在学生来自若干国家的"联合国"班中，合作学习还帮助学习者增进了对不同国家文化及思维方式的了解。Long & Porter（1985）指出，在教师主导的课堂中，一节课有 1/2 ~ 2/3 的时间是老师在讲解语法点、带学生操练、提问等，如果一节课有 50 分钟，那留给学生的可能有 25 分钟，但是在这 25 分钟内，有 5 分钟是在进行课堂管理、点名、收集和布置作业，有 5 分钟用在阅读和书写上，剩下的可能只有 15 分钟。如果一个课堂中有 15 名学生，那么每一名学生单独与老师交流的时间只有 60 秒。但是如果将这些时间交给学习者进行合作学习，那么学习者的二语输出与互动机会就会大大增加。由此可知，课堂合作学习为学生提供了更多交换信息与构建语言的机会，以及更多澄清与解释的机会。

在分组活动中，学生表现出更浓厚的学习兴趣与更强的学习动机，而且相对于课堂上的单独发言，学习焦虑得到一定程度的缓解，新学的语言知识和交际功能项目得以练习与巩固，并且中文水平相对较高的学生还可以有所创新。学生在合作学习中互相帮助，解决或更正彼此的问题或错误，语言交际能力得以提高，分组活动的组间竞争也能够提升组员的团队合作意识，从而进一步增强学生学习中文的动机与兴趣。

由此可见，课堂教学中的两大主体——教师与学生，分别从教与学的角度肯定了课堂合作学习对于语言教学与学习的必要性与价值。但是，基于笔者的课堂教学实践与课堂观察，我们也发现了一些课堂合作学习中出现的问题。比如，教师对分组练习时间的把控不足，常常一个分组练习占用过多课堂时间，小组活动结束也就意味着口语课结束。在分组练习中，学生讨论不积极，有的学习者并未发言；有时学习者聊到兴起，以至跑题；在谈论对某个话题的见解时，学习者只使用相对简单或自己更为熟悉的词语或句式，常常回避老师明确给出、希望学生练习的语言项目或语言形式；学生利用分组活动时间谈论与教学要求无关的内容；教师"放任"式管理，未能做及时有效的点评；等等。在课堂教学中，我们应当如何解决上述问题？

另外，当笔者作为教师置身于合作学习的课堂氛围中，在不同的学习小组之间穿梭与倾听时，时常会有如下思考：学生对教师组织的分组合作练习，真实的感受如何？在合作学习中，学生希望教师担任何种角色？课堂同伴之间的合作学习，有没有较为固定与明确的话语特征和互动模式？教师角色、分组形式、学习任务、学习者本身、课堂氛围等是怎样共同影响合作学习的？这些影响因素之间的关系是什么？促进学生中文发展的课堂合作学习，应当是什么样的？

学界对于二语/外语合作学习的研究涉及诸多方面，相关研究已证实合作学习可为学习者提供更多的语言练习机会（Long & Porter

1985；Philp et al. 2014）、促进课堂互动（Brown 1994）、提高话语质量（Ohta 2000，2001）、促进学习者二语能力的发展（寇金南 2015；林琳 2016）、营造积极的学习氛围（Delucchi 2006）、培养思辨能力（Hussain 2004；徐锦芬、曹忠凯 2012）、培养合作精神（Lee 2008）、减少学习焦虑（Lin 2015）等。总结学界已有研究，我们发现合作学习能从以下几方面促进二语学习。首先，使学习者建立支持性的同伴合作关系，促进课堂互动；其次，合作学习促进学习者二语能力的发展，并激发学习者的学习动机，使其对语言学习保持更加积极的态度；再次，合作学习能够使学习者获得深层次的理解力和批判性思维；最后，合作学习有利于学习者将所学知识与技能迁移到日常生活中。

综上所述，合作学习作为语言学习与认知发展的重要途径，正越来越受到学界的关注。而针对国际中文课堂中合作学习的研究则较为有限。已有研究多为作者基于课堂教学实践的经验总结（蒋以亮 1998；王瑞烽 2007；吴方敏 2016）。基于真实课堂观察与理论指导的实证研究已经开展，如通过行动研究方法研究如何改进分组合作学习的教学流程（张笑难 2002）；采用混合研究方法研究学习者的口语协商互动特征（赵雷 2015）；采用准试验的方法，探讨学习者之间不同的组合类型、关系类型以及学习者目标导向等因素对合作学习效果的影响（陈莉 2016）。然而，课堂环境下合作学习的互动模式、教师在课堂合作学习中的作用与合作学习的影响因素等重要问题，尚有待通过实证研究深入探讨。

二 研究问题

本书以国际中文课堂中的合作学习为研究对象，探讨以下问题：课堂合作学习的运行机制是什么？影响课堂合作学习的教师因素与学生因素是什么？它们是如何影响合作学习的？

研究从解决国际中文课堂教学中遇到的实际问题出发，以汉语作为第二语言课堂中的合作学习为研究对象，特别突出"自然真实的课堂"这一场域，这使本书有别于试验条件下的相关研究；以社会文化理论与合作学习理论为理论基础，运用混合研究方法，从国际中文口语课堂观察入手，以课堂观察中得到的合作学习对话自然语料为基础，结合教师与留学生访谈、问卷调查，开展实证研究。主体研究内容包括以下四个方面。

其一，国际中文课堂合作学习的互助机制是什么？它有哪些分类及作用？主要内容为包括同伴支架的含义、选取依据、分类及作用。

其二，国际中文课堂合作学习的交流机制是什么？它的划分标准及分类有哪些？主要内容包括合作学习的平等性与相互性、互动模式的分类及特征。

其三，教师角色因素是如何影响课堂合作学习的？主要内容包括教师作为引导者、监控者、协调者、评估者，在合作学习各阶段（活动前、活动中、活动后）中的作用及影响。

其四，课堂环境因素是如何影响课堂合作学习的？课堂环境关注合作学习中学生的内心感受，包括同学间的亲和关系、课堂参与、任务取向、机会均等、学生的责任、学生间的合作等方面。它们具体包括哪些内容？在课堂合作学习中有哪些作用？

通过分析与回答上述问题，我们尝试构建促进学习者汉语能力发展的课堂合作学习理论模型。在该模型中，在有助于合作学习的课堂环境之中，教师角色作用于课堂合作学习，在教师与学生两方面因素的影响下，合作学习产出同伴支架，形成平等性与相互性高的互动模式，同伴支架与互动模式共同促进学习者中文学习的发展（见图1.1）。

已有研究指出，水平较低的学习者受到目的语水平的限制，不太适合进行合作学习（Leeser 2004；De La Colina & Mayo 2007）。因此，本书选择中级与高级水平的中文学习者作为合作学习的主体，研究场域为中文作为第二语言的中级、高级口语课堂。

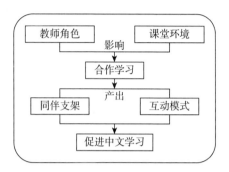

图 1.1　课堂合作学习理论模型

　　本书中的合作学习，是指国际中文的成人学习者，以 2 人一组的结对儿形式（在本书中占比 89.5%）或 3～4 人一组（在本书中占比 10.5%）的小组形式，在教师的发起、组织、监控之下，共同讨论、互相帮助，共同完成任务或解决问题的活动。学习者在整个合作学习的过程中，全部通过语言上的沟通来推动学习的进行。

　　对于真实中文课堂中自然发生的合作学习，既往研究缺少系统观察与分析。本书使用的语料，全部来源于笔者通过课堂观察自行收集的真实课堂语料。我们从国内某所重点大学 4 名专家教师（副教授以上职称，教龄 22～25 年）与 3 名熟手教师（教龄 6～10 年）教授完整一课（即完成课本中的一课课文所需要的课时。每完成一课需要 5 或 6 课时，共完整的 8 课，总计 46 课时）的中级、高级口语课堂中，选取合作学习对话 376 个（见表 1.1），对话长度在 1 分半到 10 分钟不等，共计 14 小时 5 分钟。对话录音语料转写共计约169800 字。因此，本书可以在一定程度上反映真实课堂教学中的合作学习现状。

表 1.1　课堂教学观察数据（观课时间：2017 年 4 月）

教师	课型	观课时长	合作学习次数	分组数量	合作对话数量
A（专家）	高级口语	6 课时完整 1 课	6 次 =2 人一组：6 次 +3～4 人一组：0 次	6 组	36 次（6 次 ×6 组）

教师	课型	观课时长	合作学习次数		分组数量	合作对话数量
B（专家）	高级口语	6课时完整1课	9次=2人一组：3次+3~4人一组：6次		6组/4组	42个（3次×6组+6次×4组）
C（专家）	高级口语	6课时完整1课	5次=2人一组：5次+3~4人一组：0次		5组	25个（5次×5组）
D（专家）	高级口语	6课时完整1课	8次=2人一组：8次+3~4人一组：0次		6组	40个（8次×5组）
E（熟手）	高级口语	6课时完整1课	15次=2人一组：15次+3~4人一组：0次		6组	90个（15次×6组）
F（熟手）	中级口语	6课时完整1课	8次=2人一组：7次+3~4人一组：1次		4组/3组	31个（7次×4组+1次×3组）
G（熟手）	中级口语	10课时完整2课	16次=2人一组：16次+3~4人一组：0次		7组	112个（16次×7组）
		总计46课时	67次 60次 7次			总计376个

三 理论创新与应用价值

本书是在社会文化理论视角下进行的实证研究。社会文化理论最初关注的是儿童的认知与发展，已有研究证实其适用于外语学习研究。本书以汉语国际中文课堂中成人学习者的合作学习为研究对象，将为该理论在汉语国际中文教育学科的适用性提供新证据；该理论应用于二语/外语的研究，较多关注能力不对称的结对儿或小组（专家－新手）合作学习对语言习得的作用。本书以中文水平相当的学习者（中级、高级）为研究对象，其研究结果也会在一定程度上拓展社会文化理论的适用性。

本书尝试在汉语第二语言教学学科领域，以大规模课堂自然语料为基础，通过实证研究，探索国际中文课堂合作学习的运行机制及影响因素。这样不但在研究内容与研究方法上有所突破与创新，而且有助于我们加深对国际中文课堂合作学习的深入理解，为相关后续研究提供新的研究视角与研究路径。本书借鉴课堂心理环境理论（孙云梅 2009；任庆梅 2018a）及学界已有研究成果，结合汉语第二语言课堂的特点，创制"国际中文课堂合作学习环境量表"（详见附录 7），对课堂合作学习中易被忽视但又十分重要的影响因素——课堂环境开展科学研究。该研究视角有助于我们考察学习者内心感受、师生关系、生生关系等因素综合作用于合作学习时与其相关性，进而拓宽了汉语第二语言课堂教学的研究视野。

在国际中文课堂环境中，没有教师的发起、组织、实施、监控，就没有合作学习的发生。然而前人研究中较少考察教师角色对于合作学习的作用与影响，这与以往的外语合作学习研究多在特定试验条件而非自然真实课堂中进行有关。本书基于真实的课堂，借鉴教师角色理论，将教师角色作为影响课堂合作学习的重要因素纳入研究范围，将其作为合作学习理论模型的重要组成部分，从教师教的角度关注合作学习，进一步完善了国际中文课堂合作学习的研究视域。

本书对于国际中文课堂合作学习理论模型的构建，将进一步加深业内对语言学习中的社会文化属性与课堂合作学习的内在规律的认识，从而证明合作学习理论在本学科运用的适切性，并提升国际中文课堂合作学习研究的科学性与理论性。

在实践应用价值方面，本书分析课堂合作学习的互助机制与交流机制，这将帮助教师认识到，中文教学应充分利用语言使用的合作特征，在课堂活动中创造条件促进学生积极参与合作学习，并推动教师从二语习得的角度深入理解课堂分组活动的作用与意义，进而促进教师在今后的课堂分组活动设置中开展更加符合学习者汉语习得规律的教学活动。通过对合作学习中教师角色的研究，本书更加具体、有针对性地论述教师应承担的角色与发挥的作用，为教师在课堂教学中开展合作学习提供建议，从而进一步完善国际中文课堂中的分组活动设置，提高合作学习的有效性。

四　研究设计与研究方法

如图 1.2 所示，研究设计从左至右依次分为"研究对象""研究内容""研究方法与数据收集"三个部分，整体研究围绕课堂合作学习的两个主要研究问题——运行机制与影响因素进行，每个研究问题之下各有两个子问题。"研究内容"部分和"研究方法与数据收集"部分之间，用箭头表明二者关系。以"交流机制：互动模式"为例，我们会同时运用"会话分析""量化统计""课堂观察""师生访谈"的研究方法与数据收集手段展开研究。

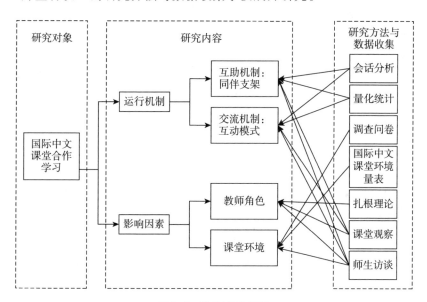

图 1.2　整体研究设计

本书采用质性研究与量化研究结合的混合研究方法，通过多种手段收集数据，综合运用会话分析法、扎根理论法、数据统计法，对国际中文课堂合作学习问题开展实证研究（见图 1.3）。

目的性抽样是质性研究中普遍采用的抽样方式，也被称为理论性抽样，即按照研究的目的和研究设计的理论指导，抽取能够为研究问题提供最大信息量的研究对象。由于质性研究注重对研究对象

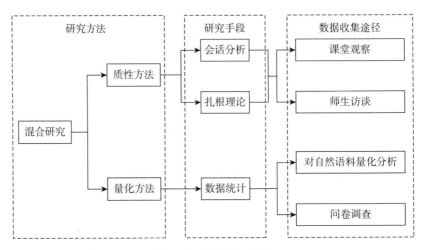

图 1.3 研究方法示意

获得比较深入细致的解释性理解，因此研究对象的数量一般比较少
（陈向明 2000：103）。本书中选取的研究对象，为国内某重点大学 4
名专家教师与 3 名熟手教师，及其教授完整一课的中级、高级口语
课堂（完整一课，即完成课本中的一课课文所需要的课时）。从任课
教师、课程内容、评估反馈多方面综合考虑，任课教师及其课堂具
备典型性与代表性，可以为本书提供充分的信息量，因此符合质性
研究的目的性抽样原则。研究遵循质性研究方法的伦理原则，匿名
处理所有参与研究教师、留学生的姓名与信息。

　　研究主要在课堂教学的自然情境下进行，着重在微观层面对合
作学习进行深入、细致的描述与分析，关注在真实的课堂教学情境
中的教师角色。既有描述性研究，即了解合作学习的运行机制是什
么、具有什么特征；也有解释性研究，即分析教师在合作学习承担
什么角色、起到什么作用，为什么会影响合作学习。因此，我们需
要基于课堂观察、教师访谈、学生访谈的转录文本，全面解释现象
并诠释意义，试图揭示现象背后的本质。

　　课堂观察是本书中重要的数据收集手段，通过对转写的课堂观
察语料进行分析，确认语料中呈现的同伴支架与互动模式。由于课

堂观察只能收集到教师与学生的对话与行为表现，不足以充分探究合作学习参与者的内心世界，因此，研究也采用课后访谈作为与课堂观察同等重要的数据收集手段。通过访谈教师，了解教师对合作学习教学行为的描述与解释，及其内心感受与评价，这既是对分析课堂观察的补充与辅助，也是对形成教师教学行为原因的深层次探究。通过访谈学生，了解学生对合作学习的真实感受与看法。学生的看法与课堂观察、教师访谈资料彼此补充与说明，一起实现研究资料的多方互证，以此体现质性研究的效度。问卷调查也是本书中的数据收集手段。我们以访谈教师所教班级的学生为预调查对象，进而对大规模中高级汉语水平的留学生开展抽样调查，考察学生对课堂合作学习的心理知觉与感受，及其对合作学习的影响。

研究数据收集详情如下。

（一）课堂观察

笔者进入中级、高级国际中文口语的自然课堂，观察课堂合作学习活动。通过学生合作对话时自行使用手机录音的方式，收集到合作学习对话片段 376 个，总计约 15 小时，对话片段均被转写为书面语料。文本转写尽量按照学生对话的录音进行原始记录，由于合作对话过程中噪音干扰较大，有听不清楚的地方笔者反复确认，并邀请同侪（相同专业方向的一位硕士生）帮助确认，尽量保证对话者的原意。学生对话中重复、啰唆、长时间停顿、指代不清的内容，笔者在保证内容原意的基础上，经同侪确认后，进行了合理的加工与整合。由此笔者整理文字共计约 169800 字，自建一个小型国际中文二语课堂合作学习语料库，用以研究合作学习的运行机制。课堂观察同时被用于分析教师在合作学习中的课堂角色。

（二）访谈

研究选取上述自然课堂中的 7 名教师（见表 1.2）作为研究者

的访谈对象。从每名教师班中随机抽取 1~2 名学生，共计 13 名来自不同国家的留学生，作为学生访谈对象（见表 1.3）。访谈录音全部转写为文字。从教师与学习者的不同角度，了解其对课堂合作学习的态度与看法、师生感知差异，及其对教师课堂角色的认识。

表 1.2　访谈教师数据收集详情

教师	教龄	性别	课型	访谈时间	访谈时长	访谈录音转写大约字数
A	24 年，专家	男	高级口语	2017 – 05 – 04	71 分钟	21000 字
B	25 年，专家	女	高级口语	2017 – 05 – 03	75 分钟	21500 字
C	22 年，专家	女	高级口语	2017 – 05 – 08	64 分钟	16300 字
D	25 年，专家	女	高级口语	2017 – 05 – 09	61 分钟	19000 字
E	10 年，熟手	女	高级口语	2017 – 05 – 03	45 分钟	14600 字
F	8 年，熟手	女	中级口语	2017 – 05 – 09	55 分钟	18000 字
G	6 年，熟手	女	中级口语	2017 – 04 – 21	60 分钟	18800 字

总计：7 小时 11 分；129200 字

表 1.3　访谈学生数据收集详情

学生	国籍	性别	年龄	汉语水平	访谈时间	访谈时长	访谈录音转写大约字数
S1	美国	女	21	高级	2017 – 04 – 24	35 分钟	8743 字
S2	泰国	女	19	高级	2017 – 04 – 24	30 分钟	7500 字
S3	尼泊尔	女	20	高级	2017 – 04 – 24	42 分钟	9300 字
S4	埃及	女	20	中高级	2017 – 04 – 26	25 分钟	5500 字
S5	意大利	男	20	中高级	2017 – 04 – 27	44 分钟	8800 字
S6	日本	男	20	中级	2017 – 04 – 27	30 分钟	5700 字
S7	荷兰	男	20	中级	2017 – 04 – 27	31 分钟	6000 字
S8	贝宁	男	20	高级	2017 – 05 – 03	45 分钟	12000 字
S9	俄罗斯	女	20	高级	2017 – 05 – 03	37 分钟	7700 字
S10	韩国	男	21	高级	2017 – 05 – 05	38 分钟	7600 字
S11	伊朗	女	19	中级	2017 – 05 – 09	45 分钟	11200 字
S12	土库曼斯坦	男	19	中级	2017 – 05 – 09	32 分钟	10000 字
S13	乌克兰	男	20	高级	2017 – 05 – 09	40 分钟	8400 字

总计：7 小时 54 分；108400 字

（三）问卷调查

通过创制《国际中文课堂合作学习环境量表》（附录7），收集数据用于统计分析基于课堂环境的影响因素对于课堂合作学习的影响。数据统计分析表明，该量表具备较高的信度、结构效度、内容效度。通过分析在课堂合作学习中学习者对于所在课堂的整体心理感受，研究其与合作学习的相关性。

第二节　社会文化理论与合作学习理论基础

本书的主要理论基础是社会文化理论与合作学习理论。社会文化理论的内涵丰富，其中的最近发展区理论与支架理论为主要研究依据。

一　社会文化理论

（一）总体内容与主要观点

苏联教育学家、心理学家维果茨基（1896～1934）最早提出社会文化理论（social-cultural theory）。尽管该理论的名称中含有"社会文化"，但其研究的并非字面上所呈现的人类社会与文化，而是社会活动是如何通过人与人之间互动与人自身的心智活动相关联的。在社会文化理论看来，人类主体与其所在的社会文化客体不断互动，是导致人类认知发展的主要原因；社会文化因素在人类认知功能的发展中发挥着核心作用。维果茨基认为，人类活动与人类发展的关系非常密切，互动在语言学习中的角色与作用至关重要，因此，交际活动是个体认知发展的先决条件与主要因素（余震球 2005：240），语言符号是交际活动影响认知发展的桥梁，而交际活动中的语言运用在心智功能发展中起着核心作用。该理论的主题内容包括内化论（internalization）、调节论（mediation）、活动理论（activity theory）、最近发展区（the zone of proximal development）理论（转引自高瑛、张绍杰 2010）。

内化论的主要观点是，内化由人际交往与个体内部的心理活动共同建构，是一个相互适应与不断调节的变化过程。通过这一具有互动性的发展过程，人与社会文化环境的关系不断重建。调节论指出，人类从低层次的心理功能（如听觉、嗅觉等）向高级心理功能（如记忆、注意力、理性思维等）发展过程中的决定性因素，是社会文化环境。在此过程中，语言起到了基本调节工具的重要作用。从儿童的成长与认知的发展过程看，其主要经历物体调控（object-regulation）、他人调控（other-regulation）、自我调控（self-regulation）三个阶段。在此过程中，语言的发展阶段也相应变化，经历社会言语（social speech）、自我中心言语（egocentric speech）、个体言语（private speech）、内在言语（inner speech）几个阶段。活动理论认为，人类的所有活动都发生在特定的社会文化环境之中。人类活动是包含主体、客体、行动、操作四个方面的有机集合体，其中，人类作为活动的执行者或参与者是主体；人类希望达成的活动目标是客体；以活动目标为导向的相应行为是行动；为促使行动能够成功执行所采取的具体方式是操作。最近发展区是指，儿童理解或者解决问题的实际发展水平与借助成人的指导或者同伴的合作帮助、最终达到独立解决问题的较高发展水平之间存在的差距与上升空间（维果茨基 2016：351－352）。在这个动态发展的空间中，儿童通过外在调节，借助家长或同伴的支架式帮助，掌握新的知识与技能，完成学习任务，实际的发展水平演进为较高的发展水平。

社会文化理论的学习观和教学观，为国际中文课堂的合作学习研究奠定了理论基础（高瑛 2009）。在学习观上，认知派倡导的互动理论聚焦考察任务本身是如何促进语言学习的；社会文化理论的关注重点与之不同，其通过分析教师布置任务、学习者完成任务过程中的话语与行为，以及这些话语与行为对语言学习的作用，强调语言习得的情境性与社会性，认为语言习得是只有在一定的情境中才能发生的社会活动，互动话语中语言的中介作用是导致学习者思维能力、推理论辩能力、理解能力发展的重要因素。因此，相应研究应真实地反映研究对象的学习经历和感受，客观地描述与分析社会文化情境因素影响之下语言学习的过程。课堂合作学习的话语研究应注重人与社会的相互作用，应深入研究社会角色、人际关系通过合作话语对语言学习产生的影响。

在教学观上，社会文化理论建议课堂教学应全面考虑人类活动的不同层面及其有机结合，即整体知识历史性发展的文化层面、个体学习与认知发展的心理层面、群体内与个体间互动的社会层面，这三个层面都应充分考虑。课堂上教师的教学、学生学习的互动，是一个集体活动的过程，在此活动过程中，教师与学习者通过语言共同协商、交换分享信息、发表各自见解、做出判断和决定，并相互评估。在这种共同思考、融洽友好的教与学的互动过程中，促进学习者语言学习的"协商性支架"大量产生（高瑛 2009）。总之，相较于基于认知理论的二语习得研究强调"习得"，基于社会文化理论的二语习得研究更强调"参与"，参与的过程即是学习的过程。因此在课堂教学中，师生互动、学生间的合作学习是不可缺少的教学环节。

综上所述，社会文化理论带来的研究启示如下：学习是学习者为了掌握新的知识和技能，进而对原有的知识和技能体系进行调节的过程。在此过程中，语言是学习者与他人相互作用、进行文化与思想交流时最重要的工具。学生的个人活动、学生之间的互动与交际是教育的基础。教师在学生学习过程中，主要起到引导者与协调者的作用，师生互动、生生互动是学生学习能力发展的重要因素。因此，在汉语第二语言课堂教学中，教师应发挥其作为中介者的调节作用，通过组织合作学习，精心设计学生在最近发展区里的学习活动或任务，充分发挥学生的主体作用，由此促进其语言知识与思维能力的内化及发展。基于社会文化理论的国际中文课堂合作学习研究，应着重关注合作对话的具体进程与运行机制，以及合作学习过程是如何受到来自社会环境（即教师与课堂）的影响的。

（二）最近发展区

在社会文化理论中，最近发展区理论与支架（scaffolding，也被译为"鹰架"或"脚手架"）理论，是与合作学习密切相关的主要内容。上文提到，维果茨基指出学习的过程是儿童逐步趋向自主、完成由他人调节向自我调节转变的过程。这一概念厘清了人际互动在个体认知发展中的核心作用，也明确了认知发展的两个阶段——现有的心智发展阶段和潜在发展阶段（余震球2005：388）。最近发展区指的就是这段现有发展水平与潜在发展水平之间的距离与空间，现有发展水平由个体独立解决问题的实际能力决定，潜在发展水平通过专家（成人、教师）的指导或与能力较强的同伴协作达成。由于人的能力水平在自身发展过程中通过与外部世界的互动形成并不断发展，因此，最近发展区也是动态变化的，它随着个体的成长而发展。此外，最近发展区还存在个体差异和情境差异，在不同的情境中，同一个体也可能有不同的最近发展区；不同的个体因其社会文化背景、知识经验的不同，最近发展区亦可能有所不同。

最近发展区的实质，是某一活动的完成不但反映人与人之间的互动关系，而且体现在互动条件下个体认知能力的发展过程中。维果茨基特别强调，应当了解儿童的这两个不同的发展水平，如果不了解这两种水平，将不能在具体情境之下，在儿童的发展进程与其接受教育的可能性之间找出恰当与正确的关系（维果茨基2016：352）。最近发展区的教学活动是在教师的指导下学生积极参与的社会互动。由于两种发展水平的存在，学习者对社会互动有自己的理解，并将这种理解与自己在具体情境中的经验整合，进而构建思想、发展学习能力。可见，最近发展区体现出学习者认知发展的潜能，它意味着教学应该走在发展的前面，引导发展。

最近发展区理论将有指导、有组织的学习与自然的发展或习得相关联，与克拉申的"i＋1"输入假说似乎有某些相同之处，因此曾有学者将最近发展区类推为"i＋1"（寇金南 2015：23）。但输入假说优先考虑心理语言的发展过程，该理论指出，先于学习者当前所处的系统发展阶段的语言输入，能影响学习者潜在的第二语言系统。而根据最近发展区理论，新知识是通过合作性的活动建构的，这些新知识可能与之前的引导或元交谈（metal-talk）有关，也可能无关。它们与学习者的发展相适应，是作为学习者自身发展活动的动因存在的。

因此，最近发展区不能等同于"i＋1"输入假说，因为二者在概念界定、能力依托等方面有诸多不同（文秋芳 2010：262 - 263）。在概念界定方面，"i＋1"指被动的倾听；最近发展区强调主动的合作活动。在能力依托方面，"i＋1"强调自主学习能力；最近发展区强调在社会文化环境中学习者通过与他人的活动共同构建的发展能力。由此可见，最近发展区与输入假说不能混为一谈，最近发展区关注新手与专家之间具体对话关系的本质，其目的是增强新手对新知识的自我调控能力；而"i＋1"关注的是语言本身，认为输入假说对所有学习者来说，都是一样的语言习得机制，几乎没有不同的发展空间。另外，在输入假说看来，语言能力的发展通过略超出学习者现有水平的可理解性输入实现，但目前尚无科学方法能够精准确定学习者的可理解输入。而对最近发展区而言，基于专家 - 新手或新手 - 新手之间的合作与协商，学习者的发展能力可以被预测。这也是社会文化理论相较于认知理论的不同之处。

（三）支架

在最近发展区内由专家提供的协助即为支架。此概念由 Wood et

al. (1976) 提出，是指任何"成人-儿童"或"专家-新手"之间的协作行为。儿童的潜在发展水平尚处于形成状态，心理机能未完全成熟，因此还不能独立解决问题，需要在成人帮助之下，在集体活动中通过模仿与自己的努力才能完成任务（文秋芳 2008）；某领域的新手还不能独立运用某些知识或技能，但可以通过专家的协作帮助实现共同理解，最终获得新的知识和技能。

不过，不同研究者对支架的定义不尽一致。Wood et al. (1976) 认为支架是指任何"成人-儿童"或"专家-新手"之间的协作行为。Maybin et al. (1992) 将支架称为"暂时性的，但拥有类似导师帮助的本质特征"，通过它的有效实施，可以帮助儿童"技巧性地去建构环境，支架是可以使儿童获得比由自己努力而更容易学到知识和技能的方式"。综合来看，支架的含义主要包含以下两方面。首先，为儿童或学习者提供的支持或帮助。只有其无法通过自身努力去实现某个特定目标之时，这种提供给儿童或学习者的支持或帮助才可被称为支架。其次，提供给儿童或学习者的这类支持或帮助都是暂时性的，一旦其可以独立完成自己的学习任务，支持或帮助则会逐步减少，直至消失。

通过上述分析我们可知，维果茨基的最近发展区理论是支架理论的基础，支架理论不能独立于维果茨基的最近发展区的概念而存在。支架是互动，可以出现在最近发展区当中，也可以出现在构建最近发展区的过程中。支架也是策略，在最近发展区中，教师或同伴可以选择性地使用它去促进学生的学习。

外语课堂教学中，运用支架理论开展的研究发现，支架出现在母语者与目的语学习者、教师与学生的对话中（徐锦芬 2016），在课堂互动过程中，教师不断调整以提供合适的帮助并满足学生的要求。在外语课堂研究中，支架这一术语是指专家（教师或父母）暂时的辅助性话语，通过互动，新手（如初学者）在专家的帮助下，发展新的技能、观念或者更高水平的理解能力（Mirzaei & Eslami 2013）。通过搭建支架，学习者构建最近发展区，从而促进语言学习的发展（Ellis 2003）。

近年来，国际二语研究界的关注重心从教师转移到学习者，从社会文化理论的视角出发，支架的内涵得以扩展与丰富，学界研究更多地关注二语或外语课堂中结对儿或小组学习时学习者对话的同伴支架。在二语环境中展开的实证研究表明，在语言学习者的合作学习过程中，语言水平相当的同伴之间同样可以给彼此提供帮助（Donato 1994；Swain & Lapkin 1998），同伴互动中的这种社会性协调（social mediation）对学习者的语言发展起到推动作用（Swain 2000）。由此可知"同伴支架"的含义：同伴在课堂分组合作学习中，彼此既是专家又是新手，通过提供暂时的辅助性话语互相帮助，推动对话进展，最终共同解决语言问题或完成语言任务（Kowal & Swain 1994；Pica 2013）。同伴支架充分体现出合作学习的互助性。

Swain & Lapkin（1998）将社会文化理论整合入"可理解输出假说"理论，把"可理解输出"更新为"合作性会话"，强调情境社会语境（如课堂）中语言使用者或学习者之间共同努力、共建知识的特性；他们提出，语言课堂即为语言实践社区（language communities of practice），语言的学习与使用本质上是社会事件（social events）与社会行为（social action）。语言学习者与使用者在实践活动中相互协商、互帮互助、共同合作，在最近发展区获得语言发展与交际技能的提升。此后她的研究团队进行了一系列实证研究，提高了业界对合作学习及其对语言输出重要性的认识。

本书依据最近发展区与支架理论，对国际中文课堂合作学习对话中的同伴支架展开分析，以此探讨课堂合作学习的互助机制；从平等性与相互性的维度，分析合作学习中的互动模式，探讨课堂合作学习中的交流机制。根据社会文化理论可知，第二语言的发展产生于合作与互动之中。依据最近发展区与支架理论，"主动平等合作型"与"指导（专家）-接受（新手）型"的互动模式可以有效促进学习者的语言发展，前者双方平等，彼此既是"专家"又是"新手"；后者类似儿童在成人的支架帮助下习得母语，专家给予新手充分帮助。

二 合作学习理论

（一）合作学习的含义

合作学习（cooperative learning）作为 20 世纪 70 年代兴起的一种教学理论与策略体系，在世界范围内得到广泛应用（伍新春、管琳 2010：21）。"合作学习"是组织和促进课堂教学的一系列活动的总称。在课堂上，同伴之间的合作通过学生分组学习进行，小组人数通常为 3~5 人。学生在小组中的学习通过同伴之间的相互作用和交流开展（王坦 2001：42）。

有关合作学习理论的内涵，学界有多种看法，美国明尼苏达大学"合作学习中心"的研究者认为，合作学习是指在课堂教学中，通过小组的形式使学生共同活动，从而尽力促进学生自身及同伴的学习（Johnson & Johnson 1989）。McGroarty（1993）把合作学习描述成"学生为达到一个共同目标在小组中共同学习的学习环境"。在 Anuradha（1995）看来，合作学习是将学业成绩处于不同层次的学生分为同组，学生齐心努力以达成既定的共同目标。在实现目标的过程中，成功或高水平的学习者有责任帮助同伴取得成功，学生需同时为自己与同伴的学习负责。王坦（2001：68）把合作学习定义为一种旨在促进学生在异质小组中互助合作、达成共同的学习目标，并以小组的总成绩为奖励依据的教学策略体系。

综合以上观点，合作学习的内容主要如下：合作学习以分组活动为基本的组织形式；小组成员具有个人责任；小组成员间互相依赖；小组有共同的任务和目标；评价和奖励取决于小组的团体成绩。

（二）合作学习的基本要素

马兰（2005：213）划分出合作学习的四条基本要素：积极互

赖、个人尽责、公平参与、同时互动。伍新春、管琳（2010：26）发现在合作学习中，互相依赖与个人责任是核心要素，异质分组是基本要素，社会技能是前提条件，小组反思是促进因素。由此可知，合作学习理论倡导学习者之间的平等参与、同时互动，我们在分析国际中文课堂合作学习互动模式时，采用的划分标准——平等性与相互性就来源于此。

综上所述，合作学习的基本要素主要包括以下几个方面。

（1）分组学习是合作学习的基本组织形式。在合作学习模式中，学习的基本组织形式从传统教学中的大班制变为小组，课堂教学结构以小组合作为特色，组内成员职责清晰、分工明确，学习过程中组员之间平等而充分地交流，协作完成课堂活动。

（2）小组成员积极互赖。在一个共同的活动目标之下，每一名小组成员的参与和努力都对整个小组的学习成功不可或缺。组员之间相互依赖，同时对自己与其他组员的学习负责，同学之间从竞争的对手蜕变为促进学习的帮手。整个学习过程是互相帮助、共同进步和提高的过程。

（3）组员的个人责任清晰、明确。每个组员都需要承担明确、具体的活动任务。小组的学习成功与否，取决于每个成员的学习效果以及活动完成情况。因此，小组成员应当明确个体职责。在合作学习过程中，应避免出现因责任不明或活动职责分配不到位，导致小组成员逃避活动或不履行个人责任的情形。

（4）合作学习评估与奖励的主要依据是小组的整体表现。与传统课堂教学以个人表现为标准、以个人为奖励对象的做法不同，合作学习过程中，小组成员之间的关系由以往单纯的竞争转向合作，从对个体的关注转变为对他人的关注，从个体竞争转变为小组竞争。在归属感和认同感的影响下，组内成员互助合作，在合作学习的过程中各尽所能，最大限度地参与学习。因此，应将小组整体表现作为评价和奖励的主要依据。

（5）教师有效引导，恰当协调，适时监控，及时评估。由于教师是课堂教学的主导者，在合作学习过程中，教师的组织与活动职责分配不可或缺，这是合作学习顺利进行、取得成功的必要保障。因此，教师应结合合作学习不同阶段的特点，在准备、进行、展示、评估各阶段，做好引导与协调、监控与评估的各项工作，为合作学习顺利进行与完成提供全程保障。

（三）合作学习的主要模式

学界对合作学习的主要模式多有探讨，主要有竞争、辩论、问题解决、同伴辅导、设计、角色扮演等模式（赵建华、李克东 2000；伍新春、管琳 2010：195）。分类虽然较为细致，但多有重合交叉之处。整合学界对于合作学习主要模式的研究，合作学习大致包括设计、竞争、辩论与角色扮演等模式。

1. 设计

设计的主题由教师选定，所选主题应锻炼与提升学习者对相关知识的综合运用能力。例如，设计问题解决过程的流程图，设计科学实验的步骤，等等。学习者充分运用已有知识，合理分工，互助协作，共同完成设计主题。与此同时，教师应及时总结学生的学习规律及问题，善于发现学生的创意与新思路。

2. 竞争

指两个或更多的合作者参与学习过程，并有教师参加。教师根据学习目标与学习内容，分解学习任务，不同的学习者各自完成，看谁完成得更高效更优质。教师对学习者的任务完成情况进行评论，其余学生也可以对其发表意见。各自任务的完成就意味着总任务的完成。

3. 辩论

合作者根据辩论内容，首先明确自己的观点，教师或者学习者自己确认正方与反方。可于课后一定时间内查询与主题相关的资料，然后双方在课堂上围绕主题展开辩论。辩论过程中，双方各自论述己方观点，然后辩驳对方观点，最后由教师或组外其他学生裁决双方的观点及表现，观点论证更充分的一方获胜。辩论练习的另一种形式是，不确定正反双方，而是由不同小组分别阐明本组观点，然后小组之间展开辩论，最终更有说服力的小组获胜。

4. 角色扮演

该模式中，组员分别扮演指导者和学习者的角色，学习者解答问题，指导者判别、分析学习者的解答，并解决学习者在解答问题过程中遇到的困难。指导者与学习者的角色在解决不同的问题时可以互换。角色扮演练习给予学习者换位思考的机会，提升其对合作学习这种形式的兴趣，增强团队合作意识与责任感。

（四）合作学习与国际中文课堂教学

在其他学科的课堂合作学习中，3~5人的分组规模是常态（伍新春、管琳2010：96）。我国大学英语课堂上的合作学习，通常将学生分为4~5人一组，以4人小组居多（徐锦芬、寇金南2017）。这是由于我国大学英语课堂基本采取大班制教学，而汉语第二语言课堂多采用小班制教学，平均人数在16人左右，甚至更少。若每组人数过多，则有限的时间里每个学习者的开口机会就不均衡或普遍较少。2人一组的结对儿形式，能够促进学习者双方更加平等、积极地互动，产出更多话语。一名学生（S11）在访谈中这样说："（在课堂上）我喜欢和同学一起做活动，但是人数越少越好。"这体现了合作学习在国际中文课堂教学中应用的特殊性。从对教师与留学生的访谈中我们得知，4~5人的小组合作学习通常放在课后进行，学习小组成员分担任务各部分，除了组员之间的语言交流之外，还有制作课件、写作发言提纲、访谈母语者等不同分工。由此可见，多人分组形式更适用于课堂教学之外，可作为国际中文课堂中合作学习的有益补充。

汉语第二课堂教学多采用小班制教学。相较于大班制教学，小班制教学更有利于语言学习与合作学习的开展。与一对一的师生互动相比，学生之间的合作学习使学习者课堂交际对象增加，交际范围扩大，更大限度地使学习者参与到学习过程中，提高开口率，增加学习者使用中文交流与表达的机会。学习者与不同伙伴参与到内容丰富、形式多样的合作学习中，有助于学习者之间的了解与熟悉，增进对不同国家文化的感知与了解，进而有助于融洽、积极的课堂学习氛围的形成。

第三节　文献综述

在研究文献的确定与选择中，合作学习的形式为面对面的结对儿或小组活动；合作的成员为二语/外语/汉语学习者；研究类型以实证研究（量化研究、质性研究、混合研究）为主；排除师生互动交流、二语/外语/汉语学习者与母语者的合作或互动；排除以电脑、网络为媒介互动的相关研究。

一　二语课堂合作学习研究

（一）研究概述

二语/外语课堂环境中的合作学习研究主要集中在口语课堂与写作课堂两大主题。随着写作课堂中同伴互评方法的流行，对同伴互评过程中的协商互动探究日渐增多。研究常围绕同伴反馈展开（郭翠红、兰素萍 2013），涉及写作课堂中同伴反馈的系统模型构建（于书林、Lee 2013）、影响因素（高歌 2010；吴育红 2015）、功效（吴荣辉、何高大 2014）、质量（刘永厚 2015）等方面。本书关注口语课堂的合作学习，因此对于写作课堂的合作学习研究不深入展开。

关于二语/外语口语课堂合作学习的研究，国外代表性学者有

Swain、Storch、Hellermann 等人。Swain et al.（2001）提出的"合作性会话"（collaborative dialogues）有助于我们从社会文化理论的视角更充分理解语言课堂的合作学习的本质。Storch（2001，2002a，2002b，2007）特别关注课堂环境中合作学习的互动模式、特征及其对语言发展的影响。她于 2002 年通过混合研究方法剖析出课堂合作学习的四种基本模式及其特点（Storch 2002a），这一重大发现使该成果成为课堂合作学习、生生互动研究参考与引用频率最高的文献之一。Hellermann（2006，2007，2008）以社会文化与社会认知为取向，运用会话分析的研究方法，对一批具有不同国籍背景的国际英语学习者课堂合作学习与互动实践做了连续五年多的跟踪观察与研究，其研究团队进行的系列研究为课堂合作学习的本质与功效研究提供了宝贵经验与丰硕成果。

国内英语课堂合作学习、生生互动研究的代表学者是华中师范大学的徐锦芬教授。其研究团队长期致力于课堂互动研究，在阐述分析国外、国内英语课堂互动研究热点及发展趋势（徐锦芬、曹忠凯 2012；徐锦芬、寇金南 2014a；徐锦芬、寇金南 2014b）的基础上，近年来重点关注二语、外语课堂中的同伴互动研究。

徐锦芬科研团队的系列研究，有总揽全局性的理论综述（徐锦芬、叶晟杉 2014），又有具体的实证研究，对课堂小组的互动策略培训（徐锦芬、寇金南 2011）、结对儿模式对于课堂生生互动的影响（徐锦芬、曹忠凯 2012）、课堂小组中的同伴支架（徐锦芬 2016）、课堂小组互动模式（徐锦芬、寇金南 2017）等不同方面进行了深入细致的研究，使二语课堂合作学习研究进一步细化。

基于理论阐述与实证研究，其团队提出了建设中国英语课堂小组互动口语语料库的设想（徐锦芬、范玉梅 2016），从该语料库的设计原则、设计步骤与方法两个角度提出建设方案，具体介绍其应用研究功能。该研究设想已成为 2015 年度国家社科基金项目（"中国英语课堂小组互动口语语料库建设与应用研究"）。该语料库的建成将为中国英语课堂研究提供大量真实可靠的数据，推动中国外语课堂教学与研究的进一步发展。国际中文教育学界若能受其启发，建设国际中文课堂合作学习的口语语料库，必将推动国际中文课堂教学与研究的深入发展。

综上可知，同伴合作学习的互动模式、影响因素、对语言发展的影响等方面是该领域关注的主要内容与学术热点。结合本书的研究问题，本书将围绕课堂合作的互动模式、影响因素、合作学习的局限性等几方面展开，梳理第二语言课堂中的合作学习研究情况；考察国际中文课堂合作学习研究现状，并指出研究局限、有待深入探究之处。

（二）同伴支架研究

国外二语课堂研究对支架的相关研究，始于 20 世纪 70 年代。早期的课堂支架研究侧重于探究教师与学生互动时如何提供支架，以协助学习者共建语言知识，促成他们习得目标语（Wood et al. 1976；Roehler & Cantlon 1997）。随着任务型教学法的兴起，课堂互动的形式在以师生互动为主的基础之上，生生互动逐渐增多。对生生互动的相关研究随之兴起并不断深入。研究发现，生生互动中同伴提供的支架，也能够积极促进学习者的二语发展。

Donato（1994）研究了三名母语为英语的法语学习者在合作完成口语活动时的对话，他通过微分析的方法发现，同伴通过互相搭建支架，提供与专家相似的指导性帮助，促进法语反身代词的学习。小组中的每个人都对解决问题起到促进作用，通过重复、改正以及提供可替代形式等方式尝试使用语言。由此可见，同伴支架有助于全体组员的学习，并促进个体学习者的语言发展。

Swain & Lapkin（1998）分析了当课堂活动注重语言形式时，两名法语作为第二语言的英语母语学习者在互动对话中共同搭建支架，成功产出目的语句子结构的案例。研究者给每个被试者一些图片，使其用第二语言合作完成拼图任务。研究者通过分析"语言相关片段"（language-related episodes，简称LREs），即学习者在分组对话中时使用的词语与语言形式，观察同伴支架在学习者语言发展中的作用。他们发现，学习者在合作完成拼图任务的过程中，互相更正错误，在同伴运用语言形式的过程中，积极评价或者更正对方。Swain发现两名学习者从个体来看都是新手，但在合作对话时互为专家：他们在解决语言问题相对复杂的活动中，互相协助、彼此引导，最终合作完成活动。研究证明学习者不仅能够提高自己的第二语言水平，还可以促进同伴的语言发展。

Swain & Lapkin（2001）基于语言形式产出的视角（output perspective），考察法语学习者在写作任务中是如何通过合作会话为彼此搭建支架的。他们的研究表明，学习者在从他人调节（other-regulation）阶段向自我调节（self-regulation）阶段转变的过程中，可以为同伴提供帮助，促进同伴对语言形式进行自我纠正。Mackey（2012）的研究也发现了学习者在运用目的语交际的同伴互动过程中，相互提供支架的行为能够促使学习者反思自己使用的语言形式，进而调整或修正语言产出。

Ohta（2000，2001）依据选择性注意理论与工作记忆有限理论，研究了7名把日语作为第二语言的成人学习者合作学习日语的过程。文中指出，初级水平的学习者在练习目的语的表达时，由于水平所限，尚不具备即时解决全部语言问题的能力，因此他们需要更多的注意力资源去解决语音、词汇和语法等问题。而听者有足够的注意力资源来分析说话者的言语，可以与说话者合作，帮助说话者改错并提供帮助。因此在口语学习中，同伴的支架式帮助是有效的。作者也总结出同伴合作学习时的两个调控坐标。一个坐标描述学习者正在努力产出第二语言时同伴常采用的帮助方式。帮助方式分为等待、重复对方的话语以鼓励同伴继续、协助完成、解释四级。另一个坐标描述当学习者发现同伴错误时采用的帮助方式，包括引导修正、进行修正、询问老师。

Huong（2007）通过对两组学生（由水平更高的同伴加入的"帮助组"和水平相当的"非帮助组"）进行比较发现，水平更高的同伴提供的支架能够有效促进水平较低同伴的二语发展。还有研究提出，在最近发展区内，即使是熟练程度较低的学习者也能有意识地为熟练程度较高的同伴提供帮助，而且熟练程度不同的学习者之间的支架能够提高语言的流畅性（Kowal & Swain 1997；Swain 2010）。Watanabe（2008）也证实，无论学习者的熟练程度高低，他们在合作时都能为对方提供学习机会，语言水平并不是影响同伴互助的决定性因素，而学习者之间共建的互动模式影响更大。可以说，在关于支架和最近发展区的研究中，如何才能使支架式帮助更有效并拓展最近发展区，一直是研究者关注的问题。

国内的英语教学研究领域专门针对同伴支架的研究相对有限。李淑静（2010）通过考察大学英语课堂的师生互动、生生互动对话，分析教师和同伴的支架作用；贾光茂、方宗祥（2009）在分析大学英语口语课堂交互任务中教师和同伴的支架作用的基础上，探讨了支架作用与语言发展的关系。研究表明这两种支架都能促进学习者外语水平的发展。该研究以探讨教师的支架作用为主，少量篇幅涉及对同伴支架的研究，在作者看来同伴支架作用仅限于提供词汇和表达方法、提供观点。

在专门针对同伴之间合作学习的研究方面，李丹丽（2014）从社会文化理论视角探索中国英语学习者在二语课堂合作任务中同伴支架对语言输出的影响，在大学英语课堂小组交际环境中，观察学生在合作完成写作任务时支架在小组互动过程中的发展特点及其对学习者最近发展区的影响。研究者指出，同伴支架对最近发展区的影响有限，同伴支架若要发挥更大作用，需要教师的监控。徐锦芬（2016）以社会文化理论为框架，运用混合研究方法，探究大学英语课堂小组互动中的同伴支架，发现在大学英语课堂互动对话中普遍存在同伴支架，其主要作用表现在提高参与度、提供词汇、提供观点、纠正错误表达、简化任务、维持既定目标、控制挫败感等方面。尽管学习者由于自身二语水平的限制，有时会不可避免地提供错误支架，可能给组内其他成员造成负面影响，但总体而言，同伴支架对小组互动的有效开展具有积极作用。

综上所述，只有在自然课堂中进行研究，通过课堂观察方法收集研究数据，才能得出符合教学实际的客观结论。同伴支架充分体现第二语言学习者在合作学习时相互交流、互相帮助的特点，是研究课堂合作学习时的重要视角。因此，本书将重点研究国际中文课堂合作学习中的同伴支架，考察国际中文课堂合作学习的交流机制。

（三）互动模式研究

在对外语课堂合作学习的相关研究中，互动模式是学界研究的重点。随着研究不断深入，研究者发现尽管课堂结对儿或小组合作学习对语言习得有积极的促进作用，但并非所有发生在学习者之间的交流都有助于语言能力的发展，因为语言学习依赖于某些特定的合作互动模式（徐锦芬、曹忠凯 2012）。

关于二语/外语课堂环境下的结对儿或小组合作学习的互动模式研究，Donato（1989）利用微变化法，根据中介程度和小组活动价值两个指标对小组互动模式进行区分，共发现四种小组互动模式：具有高度凝聚力（collective）的集体，这种凝聚力来自小组成员对其所参与活动的积极认识和对小组协作的重视；可能成为小组的"松散"集体，小组成员对活动价值的认识也很积极，却因与小组其他成员不熟悉或关系不紧密等，中介联系较弱；成员对小组活动持消极态度的集体，他们觉得互动没有任何意义，不积极参与活动；最后一种是"扩散组"（diffuse group），组员对活动的看法既不积极也不消极，没有进行互动的内在动力，互动很可能仅仅是为了取悦老师。

Damon & Phelps（1989）也对如何划分小组互动模式开展研究。他们根据平等性和相互性两个维度，将小组互动分为三类：同侪指导、合作学习和同侪团队合作。平等性是指学习者对互动的控制程度，不仅包括对互动的贡献程度，还包括对互动发展方向的控制程度。相互性是指学习者参与彼此贡献的程度，相互性高意味着小组成员经常相互反馈和共享理念。上述三种小组互动类型可进一步细化，并且三者之间有相互重叠的部分。

Storch（2002a）借鉴 Damon & Phelps（1989）模型中的两个维度，研究二语课堂中的结对儿互动模式。该研究在一家大学成人英语二语课堂上进行，学生分组完成课堂任务。研究者通过一个学期的录像观察与课堂笔记，研究分析了 10 组固定双人结对儿，通过归纳分析学习者互动数据发现了 4 种互动模式：合作型（collaborative）、主导－主导型（dominant/dominant）、专家－新手型（expert/novice）、主导－被动型（dominant/passive）。合作型的主要特点是双方共同讨论完成任务的各方面，齐心协力共同完成任务，互动量与质量都较高。主导－主导型的特点是双方都为完成任务做出积极贡献，分工较为平等，但双方听不进对方意见的次数较多，常常互相纠错，并不愿接受对方意见。专家－新手型的特点是合作双方分别扮演"专家"与"新手"的角色，"专家"一方在任务完成过程中充当领导，引领整个互动过程。作为专家的一方不会把自己的意见强加于对方，而是向对方解释，并主动邀请对方发表自己的看法；"新手"认可对方的"专家"角色，会主动参与互动，确认对方的意见，并提出自己的看法。在完成任务过程中，双方互动量较大，交际策略使用也较多。主导－被动型的特点是一方处于主导地位，另一方只是主动或者被动地一味听从，双方互动量较小，支配一方常常一个人长篇大论，自我决定任务如何完成或者问题如何解决；另一方有时也会讲话，但常常自言自语，而不是与对方互动、征求对方的看法，始终处于较为被动的状态。

Storch 得出结论，课堂分组活动应以合作型与专家－新手型两种模式为优先，因为这二者的互动质量很高。本书还发现，参加研究的学生展现的大多数是合作型模式的关系。10 组学生共完成 3 次课堂任务，在 30 次合作对话中，21 次为合作型模式，10 组中的 5 组在 3 次任务中都呈现合作型模式，有一组在前两次呈现主导－主导型模式，到第三次任务时转变为合作型模式。结论表明大部分学生是合作的，而且双方之间的互动模式一经确定，基本上不会改变。

Storch 的研究比较全面地考虑了合作学习互动模式的形成过程，阐释社会文化理论对于语言学习的看法，即语言系统的发展产生于合作与互动之中，促进该发展的合作型关系或专家－新手型关系，正如儿童在成年人的支架搭建下学习母语的关系那样。此研究的被试母语背景不同，更符合在目的语国家学习的情形。研究者根据课堂观察结果提出的教学建议，对一线语言教师的课堂教学也颇具指导意义：教师如果发现学生分组活动中的关系是主导－被动型，应当及时做出调整，因为这样的合作模式会直接影响互动数量、互动效果乃至整体学习效果。

徐锦芬、寇金南（2017）以 Storch 的上述研究为基础，通过微变化法探讨大学英语课堂小组互动模式，从平等性与相互性两个维度出发，运用量化研究方法，归纳分析出大学英语课堂的小组互动模式主要有 4 种：合作型、轮流型、主导/被动型和专家/新手型，互动模式形成后则较为固定。

也有研究指出，同伴在合作学习中的互动模式是动态变化的。Ohta（2000）发现，学习者的能力并不固定，某个特定的学习者不可能在各个方面都优于或者不如他人，自有其优势和劣势，在合作学习过程中，同一个学习者既可以是专家，也可以是新手。

有学者以话语分析理论为指导，对合作学习的对话特征开展多维度研究。王晓燕、王俊菊（2012）运用会话分析法，分析外语课堂同伴合作学习中的语码转换特征，重点研究语码转换在完成不同类型口语互动任务中的频率和功能。同伴互动中的语码转换可被视为一种话语、认知、交往策略，涉及多种功能；适度使用语码转换，有助于培养外语学习者的学习兴趣，提高其认知思维能力，加强学习者之间互帮互助、共同合作的精神。对于学习者在合作学习中使用母语的情况，学习者既可单独也可混合利用语言资源（第一语言和第二语言），甚至以重复（repetition）作为中介，进行有效的形式和意义交流（DiCamilla & Anton 1997；Platt & Brooks 1994）。王晓燕、王俊菊（2014）基于会话修正启发利于语言习得的理念，研究了外语环境下同伴他启修正模式特征，发现同伴他启修正不仅有助于语言习得，还有利于认知能力和社会行为能力的提高。

（四）影响因素研究

马冬梅（2002）就影响小组活动的两个因素，即任务类型和教师角色展开实证研究，证明任务类型和教师对活动的组织技巧会在很大程度上影响学生的语言输出量和交互修正量。

邓秀娥、郑新民（2008）通过问卷调查、课堂观察及学生访谈等形式对大学英语课堂小组活动有效性的影响因素进行实证研究。研究发现教师在小组活动中所扮演的角色、话题的选择、小组成员关系和小组活动的时间控制在一定程度上会影响学生的动机，从而影响小组活动的有效性。研究还指出学习动机的强弱、语言学能的差异、个性的不同、学生的自尊程度和冒险能力从某种程度上影响了学生在小组活动中的表现。

Philp 等人认为，课堂合作学习具有高度动态的本质，其效果受到来自环境、语言、参与者和任务等各方因素的综合调节。"同伴互动的本质就如一个万花筒：它随着各相关因素如学习者关系、所参与活动、学习目标和互动方式等的不同组合而变化。"（Philp et al. 2014：1-2）

上述研究综合考察了影响课堂合作学习的多种因素及其相互之

间的关系。课堂合作学习高度动态的本质决定了影响因素研究的高难度与复杂性，因此，多数关于影响因素的研究在实验条件下进行，通过控制各种变量研究一个或少数几个因素的作用。

任务类型会对学习者的合作学习产生影响，Nabei（1996）、Swain & Lapkin（2001）、Yilmaz（2011）证明合作听写任务是一种比较合适的交际性任务，与拼图任务相比，合作听写任务更容易使学习者参与到交际中来，能够引出学习者更多的话语。

学习者的语言水平对合作学习效果的影响有限，并不是影响同伴合作学习的决定性因素。Philp et al.（2014：12）的研究显示：当学习者按照水平进行匹配时，高水平或低水平并不一定能够预测学习结果，学习者的个体差异，比如性格、情感、动机等可能会以一种更复杂的方式影响学习结果。该研究充分证明了影响课堂合作学习的因素是多样的，这些因素共同综合影响同伴合作学习。因此，在研究中除了要考虑学习者的水平和任务类型，也要考虑同伴在合作学习过程中的关系、学习者的动机等因素对合作学习产生的影响。

Storch（2002a）研究发现影响同伴合作学习效果的主要因素是同伴之间的互动模式。在合作型、专家－新手型的互动模式中，学习者最有可能发生知识的迁移，而在主导－主导型、主导－被动型的学习中，学习者要么很少发生知识的迁移，要么错过学习的机会。Storch（2002b）专门挑选了合作型以及主导－主导型这两种类型进行了个案分析，发现如果学习者之间建立的是一种合作型的关系，那么就能够把之前合作学习过程中共同建构起来的知识转化到自己的知识体系中；相反，如果建立的是非合作的关系，那么就不会发生语言学习。Storch（2008）、Storch & Aldosari（2012）的研究也证实了只要被试之间形成的关系是合作性导向的，那么就会产生较多的语言相关片段，由此作者的结论是学习者在合作学习过程中所形成的关系可能比学习者的水平更加重要。

学习者的目标动机等因素也影响同伴之间的合作学习。Storch

（2004）发现学习者完成任务时对自身角色和目标的认识对活动表现有影响。她发现学习者的目标可以分为两种：掌握型目标导向（mastery goal orientation），关注学习过程，旨在获得某种知识或能力；表现型目标导向（performance goal orientation），关注自己表现的结果，旨在获得正面评价或避免失败。掌握型目标导向的学习者在合作学习中更有可能形成合作型关系，从而创造更多语言学习机会。

徐锦芬、曹忠凯（2012）考察三种不同结对儿形式，即教师指定结对儿的固定组、学生自由结对儿的固定组、随堂就近结对儿的非固定组，对比分析三类组别中学生语言输出的数量和质量，并考察学生对结对儿互动的看法。

课堂合作学习对于语言学习最显而易见的影响是增加了学习者尝试使用目的语的机会。业界多采用"语言相关片段"（LREs）作为学习机会的测量工具。Swain & Lapkin（1998）将LREs定义为"学生探讨其语言输出及反思其语言使用的任何对话"，包括语法、词汇、发音等方面。LREs分类如下（Storch 2008）：基于形式的LREs（词素和句法的讨论）、基于词汇的LREs（单词意义和单词选择的讨论）、机械性LREs（拼写和标点的讨论）。LREs是学习者在完成语言任务时进行合作互助的具体体现。运用LREs讨论的过程也是学习者双方修改或更正彼此对话的过程，这为学习者的语言发展创造了机会。

Storch（2008）探究学习者结对儿进行文本重构任务时使用的话语，通过分析不同类型LREs，分析学习者在语言选择方面的参与程度及其对语言发展可能产生的影响。

课堂合作学习能够促进学习者语言能力的发展。学习者通过修正语言错误，输出准确的语言形式。Gass et al.（2005）在密集型英语项目中分析了10对母语为日语的中级学习者合作学习时的语言修正，结果发现，尽管学习者还不能够产出目的语形式，但他们能在与同伴互动过程中意识到哪些目的语形式是正确的，哪些是不正确的。学习者能够用目的语互相提供纠正反馈、意义协商以及修正性输出，学习者的修正指向目的语形式，最终促进其二语水平的发展。Foster & Ohta（2005）的研究发现，虽然学习者之间并没有进行太多的意义协商，但他们能够在未被监控之下修正自己的话语。

在口语产出的流利性方面，与师生互动相比，学习者合作互动会产出更多的、更长的话轮，从而产出更多的语言。Naughton（2006）进行了一项持续 3 周左右的有关大学法语课堂的分析。其中学习者在开始谈话时使用了错误的助动词，在经历一系列尝试、调整后，输出了包含正确助动词的目的语。研究发现学习者在此互动过程中，对于目的语助动词的使用更加连贯。Adams（2007）指出学习者在与同伴的交流中，通过不断地与目标语言项目接触获得纠正反馈，进而加强对形式和意义联系的理解，提高对目的语知识的掌握水平。

综上所述，合作学习影响因素的研究多数在实验条件下进行，这有助于厘清单一影响因素与合作学习的相关性。但是，在课堂环境下，同伴合作学习是动态性很强的活动，多种因素综合作用于合作学习，因此，我们将重点研究各因素综合作用时与合作学习的相关性，以及它们之间的关系。本书中的合作学习全部在真实、自然的课堂中发生，课堂环境因素必须加以考虑。从课堂环境研究理论出发，在本书中，我们将学习者的心理感受、任务导向、师生关系、生生关系都归结为课堂环境因素，全面考察课堂环境中多因素综合作用于合作学习的情形。

课堂环境或班级环境（classroom/class environment），即通常说的学习氛围或课堂气氛，是指学生或教师对所处班级或课堂的心理知觉或感受（不含物理环境因素），是决定学生发展的潜在因素（屈智勇 2002）。《教育大辞典》（顾明远 1990：34）对课堂环境的定义是："课堂教学中师生所呈现的一种心理状态，其良好的标志表现为师生的情感交融，产生更多的相互作用和影响，学生对学习表现出更大的兴趣和愉快、无紧张无畏惧感、有更多自由表达的机会等，教师的作风和行为对形成一定的课堂气氛具有重要的作用。"

20世纪70年代以来，课堂环境研究走向实证化，研制出大量针对不同学科、不同教育水平的课堂环境量表，信效度较高，得到普遍应用，使课堂环境研究更加规范与科学。其中比较有影响力的包括《课堂环境标准》（CES）、《个性化课堂环境问卷》（ICEQ）、《课堂情况调查表》（WIHIC）、《高校课堂环境量表》（CUCEI）、《教育技术辅助下聚焦结果的学习环境量表》（TROFLEI）等（任庆梅2016）。

在外语课堂环境研究方面，孙云梅（2009）的研究结果有较大影响力与较强的适用性，她研制开发的《中国大学英语课堂环境评估量表》（孙云梅2009：282－291），有较强的信度与效度。目前国际中文教育学科关于汉语课堂环境较为有限的实证研究，多以该量表为主要研究依据（李化羽2013；朱颖2014；韩冰2017；张凌元2020）。该量表从9个角度考察课堂环境：同学间的亲和关系、教师的支持、学生的课堂参与、任务取向、学生间的合作、平等性、学生的责任、教师的领导、教师的创新。也有学者从语境理论出发，从宏观与微观的视角，聚焦海外学生汉语语言环境的理论建构及量表编制（张金桥、王茜2020）。而针对国际中文课堂合作学习环境量表的研究与探索，学界较为少有。

本书以《中国大学英语课堂环境评估量表》为依据，结合《美国语言教师效能课堂观察量表》（丁安琪2014）中对"双人与小组活动"的7个观测维度，以及国际中文课堂合作学习的特点做出适当调整，尝试创制《国际中文课堂合作学习环境量表》，以该量表为基础开展实证研究，考察在课堂合作学习中学习者的具体心理感受，及其对合作学习的影响。

我们也注意到，课堂环境中的合作学习，发起者与组织者都是教师，合作学习活动内容选择、活动流程的演进以及如何分组等问题，皆由教师主导，因此教师角色是影响课堂合作学习的主要因素。对于教师在课堂合作学习中的主导作用与角色，正是既往研究中易忽视的方面。因此本书也将重点考察教师角色因素对合作学习的影响。

角色理论来自社会心理学，教育学研究引入此理论，对教师角色内涵进行界定，并对教师角色开展研究。教育社会学家比德尔从三个方面对教师角色进行界定：教师行为、教师的社会地位和他人对教师的期望（中央教育科学研究所比较教育研究室 1990：282）。《教育大辞典》将教师角色定义为"教师与其社会地位、身份相联系的被期望行为。主要包括两个方面：一是教师的实际角色行为；二是教师角色期望"（顾明远 1990：843）。由教师角色概念入手，教师角色理论主要研究内容如下：教师实践角色研究，分析教师在不同情境中通过自身行为实际表现出的角色；教师期待角色研究，分析学生、教师、社会对于教师实践角色的理想化期待（刘路 2017）。廖宇航（2020）从课堂教学内容出发，结合"互联网＋教学"的时代特点，将教师角色定位为"教学内容的设计者、线上学习的监督者、学生学习的引导者"。

蒋衡（2002）将教师角色归入四个向度：教师在经济全球化、民族国家、教育改革中的社会经济角色，学校情境中的教师角色，教师的课堂教学角色，教师的自我职业角色。这体现出教师处于不同空间的作用和地位。其中教师作为对学生实施教育影响的某种权威，其社会角色主要的范畴就是课堂角色，教师的课堂角色在课堂教学中得以充分体现。本书聚焦国际中文口语课堂场域，从教师角色理论与合作学习理论出发，考察教师课堂实践角色对课堂合作学习的影响；通过分析课堂观察、师生访谈数据，考察教师的角色功能与角色行为，并考察学习者、教师对于教师课堂实践角色的认识（刘路 2017）。

王蕾（2000）在探讨交际型教学法时，提出教师作为小组活动中的组织者、监控者，要避免学生实施小组活动时未围绕任务、用目的语展开任务外交流等无效行为。Liu & Long（2008）总结了信息差活动中教师的几种角色：促进者、参与者、观察者与学习者。作为促进者的教师，是材料的提供者和小组活动的发起者与组织者。在学生开始独立的分组活动时，是错误纠正者或选择作旁观者，也可作为咨询者，在教室来回走动，当有需要的时候提供帮助。作为参与者的教师，应与学生保持平等，否则会降低学生的主动性，影响小组活动的效果。

邓秀娥、郑新民（2008）的研究表明，教师角色是影响课堂小组活动有效性的重要因素之一。为了凸显小组活动在英语课堂教学中的优势，教师在使用小组活动教学时要对其有效性影响因素有明确的认识，在小组活动前能传授一些交际策略和提供相关知识，并尽量选取有趣、贴近生活的话题，合理分配组员、控制时间。王跃华（2008）探讨了影响小组活动有效性的教师因素，指出任务设置不恰当、任务要求和指导不明确、小组分配不合理、时间限制不合理、教师课堂指导与调控不力、教师的评价不全面等问题，影响了小组活动的有效性。

丁安琪（2014）介绍的《美国语言教师效能课堂观察量表》，鼓励语言教师推动学生积极参加双人与小组活动以提高教学效能。量表制定者认为，在双人与小组活动中，学生有更多的机会使用目的语，也更愿意说话，因此双人与小组活动一直在语言课堂上受到教师的青睐。因此在该量表中，"双人与小组活动"是重要的课堂观察内容之一。通过"双人与小组活动"的7个观测维度，我们可以从教师角色的视角，了解美国语言课堂对于教师在合作学习中的角色要求与期待。这7个观测维度分别是教师是否有意识安排学生进行双人或小组活动，活动能否激发学生参与的兴趣，学生是否清楚活动的目标，活动指令是否清晰，学生能否实现活动目标，教师有无检查学生对指令的理解度，教师有无示范活动。这为我们分析教师在合作学习中的不同角色行为提供了有益的视角。

上述研究综合考察教师在二语课堂合作学习中的不同角色。也有学者从课堂合作学习的实施阶段出发，分析小组活动在实施前、实施中、实施后的三个阶段中教师的不同角色。Harmer（1991）根据课堂中活动的不同阶段总结了教师的不同角色：活动开始前，教师承担组织者角色，使学生参与活动、给出指令与示范、启动小组活动；活动开始后，教师根据学生不同的学习需求，扮演评估者、提示者、参与者、信息提供者、辅导者、观察者的角色。该研究没有分析活动结束后教师的作用与角色。王跃华、白兰（2008）针对分组活动中出现的问题，提出小组活动在不同阶段的组织策略：在准备阶段，教师主要做好任务的设计、小组成员的安排、学习者培训等工作；在小组活动的实施过程中，教师主要注意指导方法、控制活动时间、落实学生在活动中的任务分配；在小组活动后的总结评价阶段，教师应当及时总结与评价。

我们基于学界已有研究，结合课堂合作学习不同的阶段（活动前、活动中、活动后），将考察教师作为引导者、监控者、协调者、评估者在不同阶段的角色，及其对合作学习的影响。

（五）合作学习局限性研究

合作学习的局限性主要体现在以下几个方面。

首先，学习者自身二语能力的限制决定了学习者给同伴提供的协助有限：在共同协商时互相提供的输入并非都正确；有时学习者有可能就他们讨论的错误形式达成共识，并将其当作正确答案（Platt & Brooks 1994）。

其次，在没有教师引导的情况下，学习者可能会缺乏自我管理和自我监控能力，导致合作讨论中出现偏离主题或效率低下的情况：学习者在互动过程中易受到同伴某个话题或者观点的引导，继而偏离既定目标；学习者少有像教师那样进行启发式提问来激发同伴的自主思考（李丹丽 2014）。

再次，同伴互动中的权力关系（power relationships）通常会影响互动（Kayi-Aydar 2013）。这在三人以上的小组讨论中比较容易出现：可能会出现某一人或者两人主导整个互动过程，其他组员却不能参与的情况（Pica 2013）。如果交谈的机会受限或者没有机会交谈，那么学习者就不太可能去倾听同伴的谈话并且提供支架，导致互动缺乏协商，这不利于学习者语言能力的发展（Mackey 2012）。

最后，"面子"问题的存在使学习者有可能为了"面子"而假装理解，当同伴出现错误时，学习者碍于同伴的"面子"较少进行纠错（Philp et al. 2014）。同伴合作学习中常会出现的沉默现象多与此有关，这会导致学习者输入目的语和使用目的语的机会减少。

课堂合作学习带来的局限性，需要教师角色的引导与更正。在监控合作学习的过程中，教师可以适时指出合作对话中的错误；学生偏离讨论主题时教师应及时引导；小组对话中有学习者占据话语权导致他人不能发言或发言较少时，教师应通过科学分组等方式，保证学生发言机会的平等；如果学习者对话中出现的沉默现象过多，教师应综合考虑任务内容、学习者的国别和性别、学习者之间的关系等多方面因素，设法减少对话中出现的沉默现象。如前文所述，国外学界关于教师作为课堂合作学习的引导者、监控者、协调者、评估者，在课堂合作学习中的作用与角色研究并不充分，这正是本书希望深入探讨与解决的问题之一。我们将在后续探讨教师课堂角色因素与学生课堂角色因素的过程中，对合作学习局限性的问题加以讨论。

二 国际中文课堂合作学习研究

（一）研究内容

整体而言，国际中文教育学科领域中对于课堂合作学习研究相对有限。不少研究是对课堂教学经验的总结以及对教学策略的建议（蒋以亮 1998，王瑞烽 2007），还有相关理论的介绍，包括合作学习理论的探讨（孙瑞、李丽虹 2007）以及后方法理论指导课堂合作学习教学实践与研究的重要性（吴方敏 2016）等。实证研究开始出现（张笑难 2002），一些研究以社会文化理论为指导，初步开展科学的实证研究（赵雷 2015；陈莉 2016）。

在课堂教学经验总结与教学策略研究方面，蒋以亮（1998）用两个教学中的实例，重点分析在对外汉语口语课堂上实施小组活动时该如何分组，在汉语第二语言教学研究界开合作学习研究之先河。在他看来分组活动能充分调动学生参与活动的积极性，让学生更好地融入班级学习氛围，也能促进学生之间相互交流、相互启发，使其获得更多的知识习得机会。同时，小组活动作为连接课堂学习与社会生活的桥梁，使学生进入语言角色，使其融入现实交际的场景之中，能激发学生对语言的学习兴趣。王瑞烽（2007）重点介绍小组活动在第二语言教学中的优势、小组活动的任务形式和任务设计方式，讨论在汉语第二语言教学中设计小组活动任务的途径和方法，提出如下有启发意义的教学建议：尽快编写如何组织小组活动的教师指南、根据汉语的语法特点设计相应的小组活动、根据已有教材内容设计小组活动等。

王帅、田雪萍（2021）较全面地关注国际中文课堂的互动模式问题，通过考察单一国别的高教留学生课堂，探讨韩国留学生汉语课堂小组互动模式及互动效果；通过设计互动任务收集互动数据，归纳出 5 种互动模式：团队型、专家/新手型、主导/被动型、轮流型、团队/边缘型，并通过互动效果评估框架量化分析了不同互动模式的效果。该研究分别以话轮长度、输出话轮的个数与比例来界定划分互动模式的两个维度：平等性（话轮长度）、互动性（输出话轮的个数与比例），未考虑互动策略在互动性维度中的作用。

（二）理论基础

在探讨合作学习理论、后方法理论应用于国际中文课堂合作学习的重要性方面，张园（2006）以建构主义理论为基础，探讨在高级口语教学实践中总结出来的指导学生建立"合作场"的具体方法，以及分组管理在任务的设置、组织、监控及评估方面的操作顺序，并探讨了分组活动管理的一些有效方法。孙瑞、李丽虹（2007）提出合作学习是一种教学理论和策略体系，也是一种学习模式，它强调学习者之间的相互交流与合作；强调在学生之间建立一种互助合作的人际关系，并将之作为促进学生学习的手段。在汉语第二语言教学实践中，推行合作学习模式，可以有效增加课堂信息交流量，同时降低学生的学习焦虑感与课堂羞怯感，进而改进课堂教学效果。王蕊（2011）基于合作学习理论，考察汉语课堂分组活动中学生在合作性方面的表现，以及影响学生合作性发挥的因素。吴方敏（2016）研究了后方法理论视野下的小组合作学习与教学策略研究，论述合作学习是以小组活动为主体进行的一种教学活动，在对外汉语中高级会话课教学中，采用小组合作学习方法，有利于有效提高学生的口语表达水平。在实施小组合作的过程中，教师应科学合理地组建合作学习小组，清晰明确地布置任务，注意任务的难度与多样化，充分参与指导学生的学习过程，全面展示与科学评价学习成果。

由此可见，在国际中文课堂合作学习的研究中，理论基础较为薄弱，多为教师自己的教学感受与教学经验的总结，少量研究以后方法理论或合作学习理论为基础，研究较为初步、有待深入，以社会文化理论为基础，从最近发展区与支架理论入手的实证研究较为匮乏。本书将从社会文化理论中的最近发展区与支架理论入手，深入研究课堂合作学习，以期有所发现，对已有理论予以补充与创新。

（三）实证研究

在实证研究方面，张笑难（2002）较早运用行动研究方法对课堂小组合作学习开展实证研究，遵循行动研究方法的路径，分析教师在自由讨论型小组活动中的教学心理、教学行为与教学效果，并针对该类型的小组活动中学生易偏离活动主题的局限性，提出将职责分工引入小组讨论的可行性教学建议。赵雷（2015）以认知心理学理论和社会文化理论为指导，研究任务型口语课堂汉语学习者之间的协商互动；通过对课堂合作学习对话完成信息差任务与意见差任务的课堂口语互动实录的转写、考察与统计分析，探讨任务类型与不同的协商类型间的关系，以及学习者使用较多的协商发起方式。研究指出学习者的协商意识尤其是形式协商亟待加强，并提出任务型口语课堂强化协商互动促进汉语学习的教学策略。陈莉（2016）以社会文化理论中的活动理论为指导，以汉语第二语言学习者之间进行的同伴合作学习为对象，通过实验方法，研究考察合作学习是否可以帮助学习者有效地提高语言成绩，学习者之间不同的组合类型、关系类型以及学习者的目标导向等因素是否会对合作学习效果产生影响。刘越（2015）基于教师角色理论，运用质性研究方法，从教师角色行为和教师角色意识的视角，考察汉语教师在初级汉语课堂小组活动组织与实施过程中的教师角色与教师作用。

（四）研究局限

第二语言课堂合作学习方面的研究主要理论基础是社会文化理论与合作学习理论。研究内容主要集中在三个方面：关于同伴支架、互动模式、话语特征的运行机制研究；关于影响因素的研究；关于合作学习对学习效果影响的研究。研究方法以质性方法与混合实证研究为主。相比之下，国际中文合作学习研究理论基础相对薄弱，研究内容也较为有限与匮乏。

目前的国际中文课堂合作学习研究，以描写性研究为主。虽然有人注意到社会文化理论与合作学习理论的重要性，但以其为理论基础开展的实证研究十分有限，仅有赵雷（2015）、陈莉（2016）

做出初步的研究尝试。

在研究内容方面，对真实课堂中大量自然发生的合作学习对话缺乏必要的考察、转写与统计分析。而自然真实的语料是对合作学习运行机制开展实证研究的基础。研究路径与研究理论的相对薄弱，导致国际中文课堂合作学习研究对于同伴支架、互动模式等问题的探索处于空白状态。关于合作学习影响因素的科学实证研究也十分稀缺。本书在自行收集的真实课堂语料基础之上，分析国际中文课堂合作学习中的同伴支架与互动模式，全面分析基于教师角色、课堂环境的影响因素，以期进一步推动国际中文课堂合作学习领域的深入研究。

第二章　合作学习的互助机制

第一节　同伴支架的选取依据

"支架"这一术语与最近发展区理论紧密相关，是指专家（教师或父母）暂时的辅助性话语，通过互动，新手（如初学者）在专家的帮助下，发展新的技能、观念或者更高水平的理解能力（Maybin et al. 1992）。在第二语言学习过程中，学习者通过搭建"支架"扩展最近发展区，从而促进语言学习的发展（Ellis 2003）。

近年来，国际二语研究界的关注重心从教师转移到学习者，支架的内涵在社会文化理论框架内亦得到扩展，越来越多的研究开始关注课堂结对儿或小组学习中的同伴支架。根据支架的内涵（Kowal & Swain 1997；Pica 2013），我们对"同伴支架"定义如下：同伴在课堂分组学习中同时担任专家与新手双重角色，互相提供暂时的辅助性话语，彼此协助，推动对话进展，最终共同解决语言问题或完成语言任务的过程。同伴支架充分体现出合作学习的互助性。

Wood et al. （1976：98）发现专家（教师）对新手提供了6种支架：引起兴趣、简化任务、维持目标、指出理想解决方案与当前产出之间的相关特征及差距、控制挫折感、示范。Roehler & Cantlon （1997）阐述了教师支架的5个功能：提供解释、提高学生参与度、核实并且澄清学生理解、规范行为示范以及邀请学生提供线索。李丹丽（2014）增加了"反馈"功能的支架，分析了7种同伴支架对学习者英语输出的影响。

徐锦芬（2016）综合前人研究，从提高参与度、提供词汇、提供观点、纠正错误表达、简化任务、维持既定目标、提供情感支持7个方面分析了大学英语课堂小组合作学习中的同伴支架作用。本书对国际中文课堂合作学习进行研究，通过分析含有同伴支架片段的合作对话语料，发现国际中文课堂合作学习中的同伴支架与其研究结论有所不同，主要有6个作用：提供词汇、提供观点、纠正错误表达、提高参与度、澄清任务、维持既定目标。

本书与徐锦芬（2016）结论有所不同，"提高参与度"是其研究中占比最高的同伴支架，并且"提供情感支持"也是其研究中的同伴支架之一。这与其研究中的合作形式都是4人小组有关。在人数较多的小组中，需要组织与促进，这样才能保证所有人有发言的机会，以及维系情感支持。而本书中合作学习的主要形式是双人结对儿（共349个对话，占比93%），3～4人一组的形式也存在，但数量较少（共27个对话，占比7%）。较少的人数相较多人而言，参与度更高，情感更密切。在访谈中，教师与学生也普遍提出，4人一组的分组形式，在语言课堂上不太适用，学习者说话机会不均等，并占用过多教学时间，导致讨论不充分。

我们对收集到的376个合作对话录音转写语料（共约846分钟，169800字）逐一分析，找出含有同伴支架的语言片段，即学习者接受同伴帮助后才能继续参与任务讨论的一段对话。例如，下面这组对话片段中，没有A的帮助，对话无法继续，B无法参与任务讨论，对话中即含有同伴支架：

片段1

A：在哪里付钱？

B：付钱……付钱，是什么意思？

A：钱，money（同时做出递钱的姿势）。

B：Pay?

A：Yeah, yeah, pay.

B：在收银台付钱。

本书借鉴前人研究中发现的支架类别和特征（Wood et al. 1976；Roehler & Cantlon 1997），对出现同伴支架的语言片段编码，并统计各类支架出现的频率以及占所有同伴支架语言片段数量的百分比。笔者在向两位同侪（一位为同专业方向博士，一位为同专业方向硕士）介绍编码规则之后，三人分别编码，编码结果的内部一致性为89.3%；出现分歧之处，通过集体讨论协商达成一致。

经过统计分析，共得到同伴支架语言片段984个。不同作用的同伴支架占比如下（见表2.1）：提供词汇（33.9%）、提供观点（28.1%）、纠正错误表达（19.3%）、提高参与度（11.9%）、澄清任务（3.7%）、维持既定目标（3.1%）。语料分析说明，在含有同伴支架的984个片段中，当结对儿或小组内的某个成员在表达方面出现问题时，其他成员能够积极主动地提供帮助，搭建"支架"，通过提示、解释、纠错、协商等对话策略确保合作顺利进行。

表2.1 同伴支架分类

支架类别	提供词汇	提供观点	纠正错误表达	提高参与度	澄清任务	维持既定目标
数量（个）	334	277	189	117	36	31
所占比例（%）	33.9	28.1	19.3	11.9	3.7	3.1
总计	984 100%					

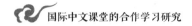

第二节 同伴支架的分类及作用

一 提供词汇

在合作学习中，遇到不知道词义如何用汉语表达或解释的情形，学习者通常通过以下方式寻求帮助：显性求助，直接使用母语或媒介语询问同伴；隐性求助，主要表现为犹豫、停顿等。尽管学习者的求助方式不同，同伴基本上都能积极给予帮助。

（一）显性求助

片段1

25 - 01　A：在哪里付钱？

25 - 02　B：付钱……付钱，是什么意思？

25 - 03　A：钱，money（同时做出递钱的姿势）。

25 - 04　B：Pay？

25 - 05　A：Yeah，yeah，pay.

25 - 06　B：在收银台付钱。

片段1中，A来自埃及，B来自日本，B不知道"付钱"的含义，稍作停顿后直接向A求助（话轮25 - 02）。A用英语提供了money这个单词，由于对自己的表达没把握，他同时借助体态语进行解释，希望能得到确认。B通过英语解释与体态语，理解了正确含义，并在接下来的谈话中马上将其运用到自己的表达中，成功产出了正确完整的句子，B在A的同伴支架作用下，学习了新的语言知识（话轮25 - 06）。对于母语与媒介语在外语学习中的作用，Foster et al.（2005）的观点是，当非本族语学生在进行意义交流时，适当求助于母语或是有利于互动的。但同时他也强调，如果学生在二语学习环境中频繁使用母语，将会严重阻碍他们使用目的语进行交际的学习目标。因此，教师要尽量鼓励学生用目的语交谈。

（二）隐性求助

片段2

118－01　Ａ：打是亲骂是爱，不打不骂不，不……，嗯，……不是好人？

118－02　Ｂ：成才。

118－03　Ａ：嗯（笑声），不成才，不打不骂不成才。我不赞成这个观点。有的时候孩子不听话，我们可以说服他，有比打，哦，打和骂，更好的办法。

在片段2中，Ａ暂时无法想出一句俗语的完整词汇（话轮118－01），在停顿了2秒钟仍未想出后，他采用替换的方法想继续表达意义，但不能确定，用反问的语气表示迟疑与求助。Ｂ及时明白并提供了"成才"一词，帮助Ａ表述完整（话轮118－02）。随后Ａ的笑声与对"成才"的重复，表明其认同Ｂ提供的支架。在Ｂ提供词汇支架的帮助之下，Ａ得以顺利陈述后续观点（话轮118－03）。

片段3

285－16　Ａ：那就来两份牛肉面吧！

285－17　Ｃ：好的，有没有忌口？

285－18　Ａ：忌口？忌口？

285－19　Ｂ：就是你不能吃什么。我没有忌口。

285－20　Ａ：哦，我不吃那个香菜。

285－21　Ｃ：好的，不要辣椒吗？那个……不要辣……

285－22　Ｂ：免辣。

285－23　Ｃ：好的，免辣。

在片段 3 中，A 不明白"忌口"的意思，用疑问、重复的方式求助（话轮 285 – 18）。B 通过解释词语含义、展示词语用法（话轮 285 – 19）的同伴支架，帮助 A 理解。C 明白"免辣"的含义，但是不知如何表达，用解释词语含义的方式想继续表达意义，但不能确定，用反问的语气表示迟疑与求助（话轮 285 – 21）。B 及时明白并提供了"免辣"一词，帮助 C 表述完整。随后 C 对"免辣"的重复，表明其认同 B 提供的支架。在 B 提供词汇支架的帮助之下，A 与 C 得以完整陈述观点与见解。

二　提供观点

当学习者就某一话题展开阐述观点时，通常会遭遇暂时无法想出恰当语句表述观点，或者观点表述不充分、不完整的情形，这时同伴会积极提供观点以协助谈话者。

　　片段 4

160 – 01　A：在我看来，跟团游的缺点很多。首先，我们会去我不想去的地方。其次，跟团游，导游提供我们的日程，所以我们不，不，不……

160 – 02　B：不能决定我们的日程。

160 – 03　A：啊，啊，日程！再次，我不喜欢跟陌生人旅行，有些难，难忍。最后，最后，……

160 – 04　B：最后，导游会让我们买我不想买的东西。

160 – 05　A；啊（大笑），你在山西的时候！总之，我们不喜欢跟团游。

在片段 4 中，学习者以跟团游的缺点为例，练习"总—分—总"式的篇章表达。纵览整个对话，A 与 B 各抒己见，在 A 不能够完整表述观点以及想不出更多理由时（话轮 160 – 01、话轮 160 – 03），B

为了帮助 A 积极补充说明，并提供自己的观点（话轮 160－02、话轮 160－04），在 B 的同伴支架帮助之下，A 成功完成了完整的篇章表达。

片段 5

234－01　A：要想口语更流利，还是课后找个中国语伴比较好。

234－02　B：我同意你的观点。

234－03　C：你说得很有道理。

234－04　A：对，要找一个中国语伴。

234－05　B：对，但是他要说普通话，不是方言，还是北京话。而且要是他的英语，也很流利（就好了），就可以告诉我，有的地方，我不明白（的）。

234－06　C：对，我现在的语伴，对我帮助很多，在学习汉语的各方面。

234－07　A：没错，那我得找个会日语的中国语伴。

234－08　C：（笑）那不太难。我要找会德语的语伴，哈哈哈。可是，这样的话，我们可能德语说得比汉语多了。

234－09　B：我们聊天儿（的）时候，可以约定时间，一个小时汉语，一个小时英语。

234－10　A：对，也可以一次说汉语，一次说日语。

234－11　C：对，我们可以有一个规定。可以一边说德语，一边说汉语。要是太难了，我还是说德语，哈哈哈。

234－12　B：哈哈哈，找个中国人，他不会说德语，你没有机会（说德语）了，还是这样比较好，我觉得。

在片段 5 中，由 A 最先提出练习口语最好找一个中国语伴的观点（话轮 234－01），在 B、C 对此表示认同之后（话轮 234－02、话轮 234 – 03），A 实际上重复了他之前的观点（话轮 234 – 04），但他并没能说出好的语伴应该是什么样的，这时 B 及时提供了观点，觉得好的中国语伴不能说方言，最好英语也比较流利，这样有疑问可以更清楚地解释（话轮 234 – 05）。A 接受了 B（话轮 234 – 07）的观点。随后 C 提出语伴是否应该熟悉自己母语的问题（话轮 234 – 08），这时 B 积极参与发表观点（话轮 234 – 09），并得到了 A 的补充说明（话轮 234 – 10），A 为 B 的观点提供了更多论据，得到了 C 的赞同（话轮 234 – 11）。在此讨论基础上，B 引申出要想多练习汉语，语伴最好不熟悉自己母语的看法（话轮 234 – 12）。从上述完整对话看，组员各抒己见，相互帮助，积极产出提供观点的同伴支架，组员之间达成共识，共同加深了对于"语伴是否应该熟悉自己母语"这一问题的探讨与理解。

三　纠正错误表达

通过对语料的整体分析，我们发现在合作对话过程中，学习者会纠正同伴的语言错误，但纠正主要集中在词汇和语法方面，涉及语音方面的纠错较少。这与前人发现有所不同，如贾光茂、方宗祥（2009）发现同伴支架以语法纠错为主，徐锦芬（2016）指出同伴支架中的语音、语法、词汇纠错数量较为均衡。原因可能是中级、高级阶段学习者更关注语言意义的表达。

（一）纠正词汇

片段 6

89 – 01　A：你上个周末去哪玩了？

89 – 02　B：我的好朋友来北京了，我出席了她的 party。

89 – 03　A：出席？……出席会议……参加吧？

89 – 04　B：对，参加。会议，出席。我们还一块儿参加了另一个 party，在五道口。

89－05　A：出席是书面语。

在片段 6 中，B 混淆了"出席"与"参加"两个近义词的意思，尽管不影响意义的表达，但 A 还是及时发现并表示怀疑，并通过举例说明"出席"的用法，以及提供更恰当的词语，帮助 B 纠正词汇。B 重复了这一词语，表明自己已经意识到错误，并在后来的表达中正确使用了"参加"一词，体现出学习者从他人调节到自我调节的转变。接下来，A 还进一步说明了"出席"的使用场合，在给 B 提供同伴支架的同时，也为自己创造了梳理、复习语言知识的机会。

（二）纠正语法

片段 7

302－01　A：他着急了，最后没办法就回去宿舍拿书。

302－02　B：我觉得不对，宾语要放在两个词的中间，回去，回宿舍去，回去宿舍不对。

302－03　A：他回宿舍去拿书。

趋向补语是留学生汉语习得难点，趋向补语的习得偏误在留学生口语中较为常见。在片段 7 中，A 产生了一个典型的趋向补语习得偏误。在我们收集的录音语料中，也有其他类似的偏误，但是学习者少有注意与修正。但 B 及时、明确地指出偏误及其成因，A 在 B 的支架帮助下，产出了正确的语法表达形式。

（三）纠正语音

片段 8

245－09　A：……我特别想逛故宫。故宫里有许多文物，历史……什么什么久的文物？

245－10　B：历史很久……历史悠久……

245－11　A：啊，历史悠久的文物。就是人太多了！

245－12　B：那个词……人山人海的！（"人"发成了四声）

245－13　A：（笑声）昨天的听写！"人"？（纠正为二声）

245－14　B：人山人海！（"人"纠正为二声）

片段 8 中，A 先是在词汇方面对 B 展开隐性求助（话轮 245－09），接着 B 在"人山人海"一词中出现了语调方面的偏误。A 通过直接纠正的方式（话轮 245－13），告诉 B 正确的发音。B 通过重复的方式纠正了语调偏误（话轮 245－14）。

分析过程中我们发现以下两个问题。

有一些明显的词汇和语法错误，学习者并未予以纠正。例如上述的趋向补语偏误。除了学习者由于语言能力的限制而注意不到之外，通过访谈我们还了解到，2/3 的学生主观上不愿意纠正同伴的错误，即便是比较明显的错误。究其原因，一方面是为了顾及对方的面子，另一方面也担心自己的纠正不正确（"我又不是中国人"）；担心纠正会引起同伴不满，对自己有意见（"别人会觉得我很骄傲，好像很了不起比他们强，我不想他们那样想"）。但是，当被问及是否愿意接受并改正同伴指出的错误时，85% 的学生表示愿意接受，并且心中不会不满；15% 的学生表达了这样的担心：担心正确的表达被改成错的；担心纠错的结果仍然不正确。

由于学习者自身二语水平有限，有时会提供错误支架，这可能给其他组员造成消极影响。学习者就其讨论的错误语言形式达成共识，并将其作为正确答案。例如：

片段 9

101－01　A：周末的时候，我喜欢睡懒觉，还是开夜车，看电影。

101－02　B：我喜欢逛街，还是和朋友聊天儿。"或者"？

101－03　　A："或者"?

101－04　　B：好吧。（笑声，转入下一个练习）

又如：

片段 10

79－04　　A：年纪大的，"老王"，还有"小王"，那，那，那中年的，不大不小的呢?

79－05　　B："中王"?

79－06　　A："中王"?

79－07　　B：中年人，应该是"中王"吧。

可见，在强调同伴支架作用的同时，我们应看到错误的同伴支架为汉语学习带来的局限性，由此不能忽视教师在课堂合作学习中的监控角色。

四　提高参与度

分组对话较易出现的问题，就是组内的某个或某些成员主导整个对话过程，这导致其他组员没有机会或者较少发言（徐锦芬、寇金南 2011）；或者其他组员有可能口语水平相对不高，或性格内向不太善于发表意见，导致合作对话变为一个人的观点陈述。例如：

片段 11

19－01　　A：在你们国家，真正的男子汉应该是什么样子?

19－02　　B：在……（学生所在国），所有男生都要服兵役，服兵役会让男生变成男人，所以我们国家的男人都有男子汉气概。但是我们无论在哪里，都是 lady first，男生一定要主动为女生开门、让座，否则就不是男生了。（继续阐述，持续 1 分

30 秒左右，仍未结束）

19－03　A：（在 B 停顿时间稍长，但仍未结束阐述时插入）嗯，我们也要服兵役，但是好多男生都是大男子主义，我觉得有大男子主义的人都不是真正的男子汉，我很讨厌这样的人。（面对 C）小安，你们不用服兵役吧？但是男生小时候都要去寺庙对吗？

19－04　C：我们也要服兵役，但我觉得这和是不是真正的男子汉没什么关系。（开始发表自己的看法）

片段 11 中，B 在谈论自己的观点时滔滔不绝，没有中止之意（话轮 19－02）。此时 A 适时打断，发表了自己的看法，并通过同伴点名的方式提问，调动 C 的发言积极性（话轮 19－03），使 C 也有机会参与到讨论中来（话轮 19－04）。通过同伴点名的方式可以提高组内成员的参与度，而且同伴点名一般不会引起像教师点名回答问题那样的羞怯感或焦虑感，学习者更乐于阐述自己的观点，参与讨论。由此可见，A 的适时打断与插入、通过同伴点名的方式提问，提供了提高参与度的同伴支架，使小组每个成员都有平等的参与机会。

五　澄清任务

在合作学习中，学习者也会遇到不理解活动任务、不明白老师指令而导致对话无法顺利进行的情况。同伴通过重述或解释，澄清、明确任务，保证对话的进行。

片段 12

193－01　A：嗯，老师让我们做什么？用这个词造句？

193－02　B：用这个词讨论。讨论为什么考试以前会四脚朝天。

193 – 03　C：四脚朝天是什么意思？摔倒了？

193 – 04　A：就是特别忙乱，像摔倒了一样。

193 – 05　C：那我每次考试以前都四脚朝天。

193 – 06　B：因为考试太难了！

在片段 12 当中，首先 A 不知道要讨论什么，询问同伴（话轮 193 – 01）。B 给予回答，通过重述的方式澄清了任务。这时 C 又提出不明白"四脚朝天"这一关键词语的意思（话轮 193 – 03）。A 在理解任务内容后，意识到如果对该词语理解困难，则互动任务难以进行，于是其解释了这一词的含义（话轮 193 – 04）。解释的结果是帮助 C 理解了词语的意义，C 的正确理解又推动 B 完成了老师布置的任务。在该对话片段中，首先，B 通过重述以澄清任务；其次，A 对同伴的显性求助提供词汇；最后，C 的正确理解帮助 B 维持既定目标（回答了为什么考试以前会四脚朝天）。三人之间互相搭建不同作用的同伴支架，共同理解任务要求、关键词语，在共同推动任务进展的过程中，合作学习关键词语"四脚朝天"的语义与语用。

六　维持既定目标

有时学习者在对话时，因对同伴某个观点产生较强的兴趣，在后续讨论偏离主题，即"跑题了"。这时其他组员及时强调既定的讨论主题，委婉提醒跑题者，并将讨论内容引导回既定话题（即维持既定目标）。在片段 13 有关在中国购物优缺点的讨论中，小组成员 B 由微信联想到本国类似的社交应用 LINE（话轮 300 – 04），又想得知怎么用微信买东西（话轮 300 – 06），此时 A 意识到话题讨论偏离了主题，先回答了 B 的问题，又用提问的方式提醒对方（话轮 300 – 07），把话题引向既定话题的讨论。

片段 13

300 – 01　A：在中国买东西，有哪些优点和缺点？

300 – 02　B：在中国买东西，很便宜。

300 – 03　A：对啊。

300 – 04　B：但是，在中国，去商店要微信，对日本人，用微信买东西很难。中国有 LINE 吗？

300 – 05　A：好像没有。

300 – 06　B：怎么用微信买东西？是不是要有卡？银行卡？

300 – 07　A：在中国，可以用银行卡买东西吧。我觉得商品的质量不太好。还有什么缺点？

300 – 08　B：收银员的态度真不好，真的不好！

由片段 13 可知，通过维持既定目标，学习者提醒同伴讨论的主题。当学习者成功运用这一同伴支架时，同伴就会积极响应，并呈现自己的解决方案（话轮 300 – 08）。又如片段 14 展示，该对话的讨论主题是旅行。A 跑题到讨论电影上（话轮 164 – 05），B 巧妙地从电影的国别转化到旅行的国别（话轮 164 – 10），维持了讨论旅行这一主题的既定目标。

片段 14

164 – 01　A：你喜欢去哪儿玩儿？

164 – 02　B：我喜欢旅行，去参观名胜古迹。

164 – 03　A：你喜欢什么地方？

164 – 04　B：比如说长城、故宫、颐和园、天坛。你呢？

164 – 05　A：我喜欢去看电影。

164 – 06　B：那你喜欢……（被打断）

164 – 07　A：我喜欢美国、英国的电影。

164 – 08　B：嗯，中国的呢？

164 - 09　A：中国的电影他们说得太快了，听不明白。

164 - 10　B：我也不明白。因为你喜欢看美国和英国的电影，你去过美国和英国吗？

164 - 11　A：我去英国的时候是跟团游，非常麻烦，有很多人，有很多我不喜欢的人。

由片段 14 可知，负责维持既定目标的 B 虽然第一次被打断（话轮 164 - 06），维持既定目标的努力没有成功，但是他没有放弃努力，继续巧妙转换话题，以提问的方式，维持了讨论旅行的既定目标（话轮 164 - 10），最终得到 B 的正面响应（话轮 164 - 11），使既定话题得以继续讨论。

通过对以上 6 种同伴支架的分析，我们初步了解了同伴支架在合作学习中的重要意义。这六种同伴支架分别是：

提供词汇。学习者遇到不知道词义如何用汉语表达或解释的情形时，常常有直接使用母语或媒介语询问同伴的显性求助，或犹豫、停顿的隐性求助。同伴通过提供词汇的同伴支架，及时、积极地为学习者提供帮助。

提供观点。当学习者就某一话题展开阐述观点时，通常会遇到暂时无法想出恰当语句表述观点，或者观点表述不充分、不完整的情形，这时同伴会积极提供观点以协助谈话者。

纠正错误表达。在本书中，纠正错误表达主要集中在词汇和语法方面，涉及语音方面的纠错较少。

提高参与度。当组内的某个或某些成员主导整个对话过程，导致其他组员没有机会或者较少发言时，或当其他组员口语水平相对不高、性格内向不太善于发表意见，导致合作对话变为一个人的观点陈述时，某个组员通过适时打断与插入、同伴点名提问等方式，提供了提高参与度的同伴支架，使小组每个成员都有平等的参与机会。

澄清任务。当学习者遇到不理解活动任务、不明白老师指令而导致对话无法顺利进行时，同伴通过重述或解释，提供澄清或明确任务的同伴支架，保证对话的继续进行。

维持既定目标。当学习者对同伴某个观点产生较强的兴趣，在后续讨论偏离主题即"跑题"时，其他组员及时提供维持既定目标的同伴支架：强调既定的讨论主题，委婉提醒跑题者，将讨论内容引导回既定话题。

综上所述，在国际中文口语课堂合作学习中，普遍存在着同伴支架，学习者通过产出与提供不同形式的同伴支架解决问题，互相帮助，明确活动内容与主题，提高同伴的对话参与度，推动对话顺利进行。因此，同伴支架充分体现出合作学习的互助性，对合作学习的有效开展具有积极的引导和促进作用，能够促进学习者口语输出，提高其学习主动性与积极性。

Ohta（2001，转引自李丹丽 2014）研究发现，某些个体学习者在搭建同伴支架的过程中，扮演了促进者（facilitator）的角色，通过自我调节，促使同伴对互动话语进行自我调节或他人调节，从而对二语形式和意义的协商达成一致。在本书中，同伴支架中亦存在愿意承担类似角色的学习者，例如片段 6、片段 9、片段 11 中的学生 A，片段 3、片段 4 中的学生 B。在访谈中，这些学生表示，愿意在分组对话中扮演类似促进者的角色，去努力帮助同伴，影响其他同伴的行动，以保证分组活动的后续进程。他们在很大程度上积极参与讨论，试图把活动控制在可以解决的范围内，并极力寻找解决途径。他们通过同伴支架促使同伴进行自我调节与他人调节，进而推动合作学习的顺利进行。对某些学习者自愿承担促进者角色的分析，也体现出合作学习中同伴之间充分互助的特性。

在同伴支架中，占比最高的是"提供词汇"（33.9%）与"提供观点"（28.1%），二者总量占同伴支架的 60% 以上。这也与我们的访谈结果相吻合，留学生普遍感觉课堂合作学习对自己汉语发展的促进主要在两个方面：有更多机会使用词汇，提高了词汇运用的准确率；有更多机会谈论自己对某个问题的观点与看法，提高了整体表达语言意义的水平。

在最近发展区的现有水平之下，学习者主要通过提供词汇、提供观点、纠正错误表达、提高参与度、澄清任务、维持既定目标6种形式搭建合作学习中的同伴支架。同伴支架在合作学习中，帮助学习者聚焦汉语形式、深入协商汉语意义，推动学习者注意自身汉语知识的欠缺，促进学习者对自我或他人的输出效果的监控。学习者通过同伴支架在上述三方面的作用，拓展最近发展区，最终进一步促进自身语言输出。具体如图2.1所示。

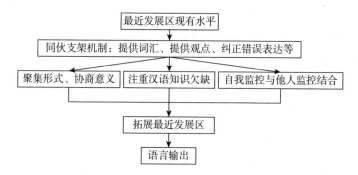

图2.1　同伴支架促进学习者汉语能力发展路径

同伴支架存在一定的局限性。在前文分析"纠正错误表达"的同伴支架时，我们发现两个问题：一是有一些明显的词汇和语法错误，学习者并未予以纠正；二是有时学习者就他们讨论的错误形式达成共识，将其作为正确答案，彼此提供错误的同伴支架。这主要出于学习者自身汉语水平的限制、面子等因素的影响。

从最近发展区的角度看，错误的同伴支架可能会给组内其他成员造成负面影响，从而阻碍学习者最近发展区的拓展。即使学习者在结对儿活动和小组活动中能够为彼此提供学习机会，但错误的同伴支架使学习者未必能有效利用这些机会发展汉语能力。正如Lan-tolf（2000）所言，尽管同伴的帮助有助于学习日常的功能性语言，但它并不一定能促进第二语言的能力发展。因此，只有当学习者正确地运用同伴支架为合作者提供恰当的帮助，并正确理解同伴的反馈时，合作学习才能促进二语学习和最近发展区的拓展。

因为同伴间的合作沟通有时是无效的，所以当学习者发现靠自己的力量很难促进最近发展区的发展时，就需要专家介入调节。访谈结果表明，大多数学生在遇到语言问题时，除了自己查找教材或字典之外，还会向作为专家的教师寻求帮助。因此，教师的专家角色非常必要，只有他们能够全面引导合作学习的进程，明确合作学习的目标，示范正确的语言形式，强调语言意义与语言形式之间的联系，并用合适的方式监控学习者的语言输出。在教师的监控与协调之下，学生能够正确地运用同伴支架为他人提供恰当的帮助，并正确理解教师或同伴的反馈，这样合作学习才能促进最近发展区的拓展与二语学习。

综上所述，在合作学习中，学习者共同搭建同伴支架以完成活动，并共同构建他们自己的语言体系来解释语言形式和意义（李丹丽 2014）。同伴支架充分体现出合作学习的互助性。而同伴支架的有效性取决于学习者是否正确运用同伴支架。合作学习中学习者对二语意义与形式的掌握不足，有时会产生错误的同伴支架，导致不能同时维持任务的既定目标与保证语言形式和表达的准确。这与他们有限的语言水平、面子因素以及教师在合作学习中起到的作用有关。教师引导与监控学生的合作学习，对于产出正确的同伴支架非常重要。

因此，作为合作学习的引导者、监控者与协调者，对外汉语教师应密切观察各小组的合作学习情况，及时发现问题，提供学习者所需的帮助，推动学习者注意自身汉语知识的欠缺，促进学习者通过正确的同伴支架聚焦汉语形式、深入协商汉语意义。

第三章　合作学习的交流机制

第一节　互动模式的划分标准

本章依据 Damon & Phelps（1989：9 – 19）、Storch（2002a）、寇金南（2015）互动模式分类模型中的两个维度——平等性和相互性，探讨国际中文课堂合作学习的互动模式。

我们对学习者完成分组活动的全过程进行录音、转写与分析，通过反复阅读收集数据，根据小组互动模式的划分标准对分组对话进行编码，统计每个组员话轮的平均长度、发起对话的话轮比例、互动参与量，通过量化分析合作学习互动模式的分类维度——平等性与相互性，归纳总结小组互动模式的类型。

为了保证编码效度，笔者向两位同侪（一位为同专业方向博士，一位为同专业方向硕士）讲解划分标准和数据分析的目的，然后与两位同侪分别对随机抽取的 40 个转写数据（占总数据的 11%）进行分析，分析结果显示三名编码者（笔者与两位同侪）的编码一致性为 89.3%，可以接受。接着，三人对剩下的数据进行编码。不一致的部分通过讨论协商达成一致。然后在一周以后随机抽取 20 个转写数据，三名编码者再次编码。编码者前后两次的编码结果显示，编码一致性为 95.2%。不一致的部分，编码者通过讨论协商达成一致。

鉴于同一种互动模式的表现接近，我们从每种类别的对话中随机抽取约 10% 来呈现数据分析结果:"平等主动合作型"对话 10 个(总量 98 个)、"指导 - 接受型"对话 9 个(总量 91 个)、"主导 - 主导型"对话 3 个(总量 33 个)、"被动 - 被动型"对话 11 个(总量 115 个)、"主导 - 被动型"对话 4 个(总量 39 个)。由于三人小组合作学习的对话较少(总量为 27 个),并且未出现在"主导 - 主导型"对话中,因此我们在上述选定的各类对话中,每类主要呈现双人结对儿合作对话的数据分析结果。

一 平等性

互动模式的平等性通过分析组员话轮进行量化考察。话轮分析包括计算每个小组成员的平均话轮长度(即学习者对对话的贡献程度)、小组成员发起的话轮比例(即学习者对对话的控制程度)。话轮交接的衡量依据为刘虹(2004:93)提出的两个衡量标准:一是说话者是否连续表达,即在一个语法语义完成序列的末尾有无沉默。如有沉默,那么说话者的话就不止一个话轮。二是是否发生了说话者和听话者的角色互换。如果发生,就标志着一个话轮的结束与下一个话轮的开始。

在本章中,讲话人被对方插话时,如果继续未停顿,插话前后的内容计为同一个话轮;如果被对方插话打断停顿,则对方插话和讲话人停顿后的接续都计为新的话轮。笑声本身不算一个话轮,但如果打断了讲话人,那么当讲话重新开始时,笑声前后被视为两个话轮。"对""好的""哦""这个""但是"等具有交际意义的单个词语,也被视为一个话轮,在统计范围内。

话轮长度通过计算话轮中的词语数量确定。本章借助"NLPIR 汉语分词系统"(2016 年最新版,网址 http://ictclas.nlpir.org)软件切分词语,词语确定的最终依据为商务印书馆版《现代汉语词典》(2016 年第 7 版)。

二　相互性

互动模式的相互性通过统计分组对话中的互动参与量考察。互动参与量是指学生使用互动策略的次数。掌握和使用互动策略能使学习者成为小组活动中更积极的参与者。互动策略使用频繁，意味着相互性高，小组成员能够经常相互反馈、分享理念。

合作学习成员间进行有效互动和交流所必需的技巧和策略已经得到广泛讨论（Maybin et al. 1992；DiCamilla et al. 1997；Naughton 2006）。Maybin et al.（1992）认为至少有 5 种方法可用于倾听和反馈：咨询和评估、分析和解释、安慰和支持、提问和探究、释义和理解。该划分方式虽然较为清晰，但仍存在重复之处。DiCamilla et al.（1997）将互动策略明确分为社会互动策略和修正互动策略两大类。研究者发现，使用社会互动策略不受语言的限制，互动者无论运用何种语言，都能成为一名更优秀的交际者；使用修正互动策略时，互动者需使用目的语来求助，或为对方提供帮助。上述两种策略对于学生在语言课堂上模拟自然交谈都是必需的。其中，社会互动策略包括详细说明、促进会话的顺利进行、反馈、寻求信息或见解、改述。修正互动策略包括确认理解和澄清、求助、提供帮助、修正。由此我们可以发现该分类存在一定问题：改述具有澄清意义的作用，而求助和寻求信息或见解较为类似，操作起来具有一定难度。因此，本章借鉴 Naughton（2006）的观点，将互动策略分为以下 4 种。

（1）使用后续问题：人们交谈时通常会提一些后续问题，这是交谈中很自然的一部分。例如人们提到逛超市的话题，就很可能会被问及买了哪些商品。

（2）请求和给予阐释：在使用二语交谈的过程中，有时会出现学习者无法理解同伴意思的情况，此时，学习者要求同伴给予相应解释与说明。在有利于对话进行的同时，同伴表达与阐述的能力也得到锻炼。同时学习者很可能在此过程中学习到新的表达方式。请求阐释时使用的策略包括重述词语或句子，直接要求阐释，或尝试提出自己对该词的理解。给予阐释时使用的策略包括使用同义词，给词语下定义或举例。

（3）修正：学习者在使用汉语交谈时，常会出现语句表达错误或表达不当。此时同伴使用修正策略适当提醒和改正，学习者得以运用更接近目的语的形式重述自己不地道的表达。这能够帮助学习者提高语言表达的准确度和可理解性，从而提高汉语口语水平。

（4）请求和给予帮助：对某个词语或表达形式，学习者不知其义，或者忘记如何用汉语表达，此时就需要向同伴求助，以获得支持与帮助。

如表3.1所示，在376个合作学习对话片段中，存在5种小组互动模式：平等主动合作型、指导-接受型、主导-主导型、主导-被动型、被动-被动型。与Storch（2002a）研究发现相比，我们发现还存在具有中等以上平等性但是相互性较低的"被动-被动型"。互动模式形成之后，整体而言比较固定，但在少量时间较长的对话中，随着互动讨论不断进行与深入，有时互动模式会发生改变。例如，从主导-主导型转换为平等主动合作型。而Storch（2002a）的结论是互动模式一旦形成，则固定不变。

表 3.1 合作学习中的互动模式

互动模式	平等性		相互性	数量（个）	所占比例
	贡献度	控制度			
平等主动合作型	均衡	均衡	高	98	26.2%
指导-接受型	均衡	均衡	高	91	24.3%
主导-主导型	均衡	低	低	33	8.9%
被动-被动型	均衡	低	低	115	30.1%
主导-被动型	不均衡	高	低	39	10.5%
			总计	376	100%

需要说明的是，在"指导－接受型"中，承担指导角色的学习者相当于"专家"，承担接受角色的学习者相当于"新手"，此处的"专家"和"新手"，与维果茨基（2016：352）在社会文化理论中提出的"专家"和"新手"不同。这里的"专家"和"新手"在语言水平方面相当，"专家"是指在合作学习中比较积极，且懂得鼓励其他组员发言的学习者，"新手"是指对话中相对被动的成员，通过"专家"提供互动机会，参与合作学习的主动性逐渐增强。

第二节　互动模式的平等性

本节通过量化分析，测量合作对话中学习者在完成对话过程中对合作对话的贡献程度，即学习者的话轮平均长度；以及控制程度，即学习者发起对话的话轮比例。

一　平均话轮长度

图 3.1 展示了"平等主动合作型"对话组平均话轮长度。在 10 个对话组中，对话者 A 平均话轮长度在 8～15 个词语之间，对话者 B 平均话轮长度在 4～15 个词语之间。对各对话组 A、B 的平均话轮

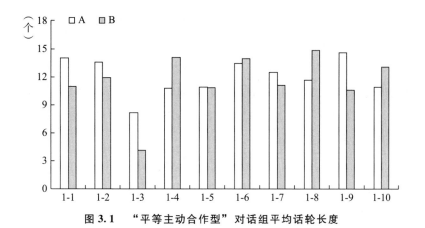

图 3.1　"平等主动合作型"对话组平均话轮长度

长度进行单因素方差分析，结果表明，P值均大于0.05，这说明各对话组A、B的平均话轮长度没有显著性差异。这说明该模式中的各组学习者对合作对话的贡献程度较为均衡。

图3.2展示了"指导－接受型"对话组平均话轮长度。在9个对话组中，对话者A平均话轮长度在7～12个词语之间，对话者B平均话轮长度在6～10个词语之间。对各对话组A、B的平均话轮长度进行单因素方差分析，结果表明，P值均大于0.05，这说明各对话组A、B的平均话轮长度没有显著性差异。可见该模式中的各组学习者对合作对话的贡献程度较为均衡。

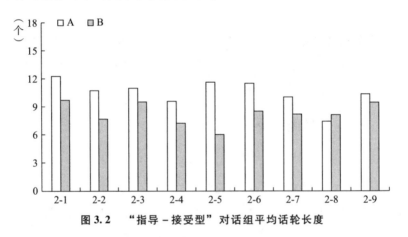

图3.2　"指导－接受型"对话组平均话轮长度

图3.3展示了"主导－主导型"对话组平均话轮长度。在3个对话组中，对话者A平均话轮长度在15～17个词语之间，对话者B平均话轮长度在15～16个词语之间。对各对话组A、B的平均话轮长度进行单因素方差分析，结果表明，P值均大于0.05，这说明各对话组A、B的平均话轮长度没有显著性差异。可见该模式中的各组学习者对合作对话的贡献程度较为均衡。

图3.4展示了"被动－被动型"对话组平均话轮长度。在11个对话组中，对话者A平均话轮长度在6～15个词语之间，对话者B平均话轮长度在7～18个词语之间。对各对话组A、B的平均话轮长度进行单因素方差分析，结果表明，P值均大于0.05，这说明各对

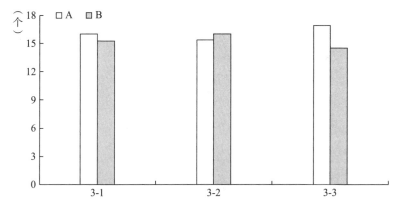

图 3.3　"主导－主导型"对话组平均话轮长度

话组 A、B 的平均话轮长度没有显著性差异。可见，该模式中的各组
学习者对合作对话的贡献程度较为均衡。

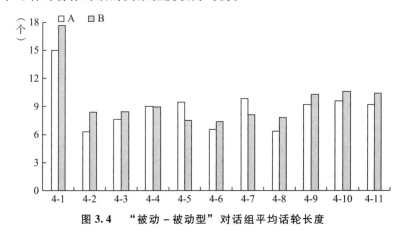

图 3.4　"被动－被动型"对话组平均话轮长度

图 3.5 展示了"主导－被动型"对话组平均话轮长度。在 4 个
对话组中，对话者 A 平均话轮长度在 13～15 个词语之间，对话者 B
平均话轮长度在 3～6 个词语之间。对各对话组 A、B 的平均话轮长
度进行单因素方差分析，结果表明，$0.01 < P$ 值 < 0.05，这说明，各
对话组 A、B 的平均话轮长度具有显著性差异，A 平均话轮长度显著
性大于 B。可见，该模式中的各组学习者对合作对话的贡献程度不
均衡，A 作为主导者对对话的贡献程度更大。

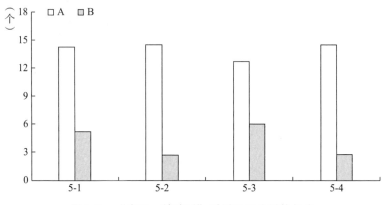

图 3.5 "主导－被动型"对话组平均话轮长度

综上所述，通过对各组平均话轮长度的分析我们发现，"主导－被动型"对话中的学习者，话轮平均长度存在显著性差异，因此，对对话的贡献度不均衡。其余四种模式虽然话轮平均长度存在不显著性差异，学习者对对话的贡献度较为均衡，但是各模式中学习者的控制度即发起对话的话轮比例有差异，再结合"相互性"的划分标准，四种模式可以被区分。

二 发起对话的话轮比例

图 3.6 展示了"平等主动合作型"对话组发起对话的话轮比例。

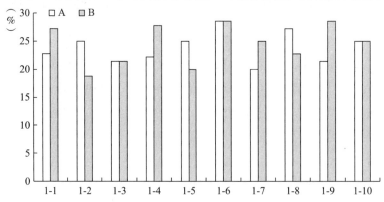

图 3.6 "平等主动合作型"对话组发起对话的话轮比例

在 10 组对话中，A、B 发起对话话轮比例在 19% ~ 28% 之间，相对误差≤33%，差异不大。在学习者贡献度都较为均衡的四种模式中，该模式中发起对话的话轮比例最高。因此，该模式中的贡献度与控制度都较为均衡，具有高平等性。

图 3.7 展示了"指导 – 接受型"对话组发起对话的话轮比例。在 9 组对话中，A、B 发起对话话轮比例在 15% ~ 23% 之间，相对误差≤33%，差异不大。在学习者贡献度都较为均衡的四种模式中，该模式中发起对话的话轮比例低于"平等主动合作型"。因此，相较于"平等主动合作型"，该模式中的贡献度均衡，控制度略低。

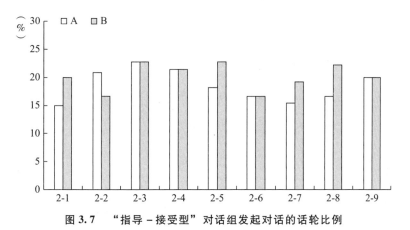

图 3.7　"指导 – 接受型"对话组发起对话的话轮比例

图 3.8 展示了"主导 – 主导型"对话组发起对话的话轮比例。在 3 组对话中，A 与 B 发起对话话轮比例在 7% ~ 11% 之间，仅 3 – 1 对话组之间的相对误差为 50%，在 28 个话轮中 A 发起 2 次，B 发起 3 次，其余两组发起话轮比例相等。由于该模式中学习者对话的目的主要为力求阐述己方观点，因此，尽管组内两个学习者的平均话轮长度均衡，但发起对话的话轮比例不高。相较于"指导 – 接受型"与"平等主动合作型"，该模式平等性中的贡献度均衡，控制度低。

图 3.9 展示了"被动 – 被动型"对话组发起对话的话轮比例。

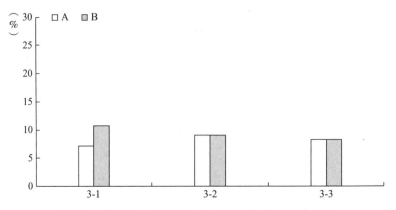

图 3.8 "主导－主导型"对话组发起对话的话轮比例

在 11 组对话中，A 发起对话话轮比例在 5%～17% 之间；仅有 2 例对话组中 B 也发起了对话，发起比例与 A 相等；其余对话组中 B 没有发起对话。该模式平等性中的贡献度虽然均衡，但在整个对话中，只有 A 或 B 发起了极少数的对话话轮，其余话轮都是学习者在进行轮流汇报式的陈述，因此，控制度很低。

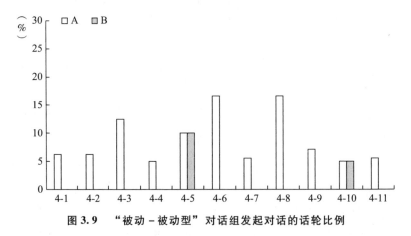

图 3.9 "被动－被动型"对话组发起对话的话轮比例

图 3.10 展示了"主导－被动型"对话组发起对话的话轮比例。在 5－1 组、5－2 组对话中，A 发起所有对话话轮，但 B 不予理会，只是陈述或坚持自己的想法，此时，A 主导 B 被动。在 5－3 组、5－4 组对话中，B 发起所有对话话轮，A 只能回答或附和，此时，B 主导

A 被动。可见，在该模式中，对话一方控制度极高，加之双方平均话轮长度十分不均衡，因此，该模式具有低平等性。

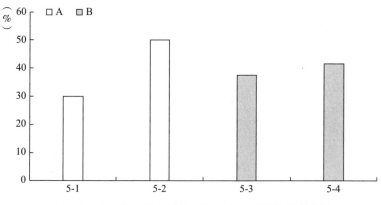

图 3.10　"主导－被动型"对话组发起对话的话轮比例

综上所述，通过对各组发起对话的话论比例的分析我们发现，"平等主动合作型"对话具有高平等性，"主导－被动型"对话具有低平等性。"指导－接受型"对话平等性较高，但在对对话的控制性程度上略低于"平等主动合作型"，二者的进一步区分体现在下文的"相互性"划分标准中。"主导－主导型"对话与"被动－被动型"对话中的贡献度都较为均衡，但是控制度低。

第三节　互动模式的相互性

互动模式的相互性通过学生的互动参与量测量。互动参与量是指学生使用互动策略的次数，即使用后续问题，要求和给予阐释、修正、请求和给予帮助的次数。

我们发现，在"平等主动合作型"对话与"指导－接受型"对话中，对话双方使用互动策略的次数基本均衡，次数总量占对话话轮总量的 57% ~ 65%，呈现较高的相互性。但是具体分析不同交际策略的使用次数，"平等主动合作型"运用"使用后续问题"策略的次数多于"指导-接受型";"指导-接受型"运用"请求和给予帮助"策略的次数多于"平等主动合作型",这体现出该模式中"专家"对"新手"的指导与帮助。

在"被动-被动型"对话中,学习者基本不使用任何互动策略。在"主导-主导型"对话中,学习者基本只在对话开始时运用一次"使用后续问题"的策略,以明确问题或对话内容,接下来的对话中则主要论证自己观点或阐明自己态度。因此,学习者在这两种模式中,或争抢,或轮流,呈现低相互性。

在"主导-被动型"对话中,对话双方使用互动策略的次数严重不均,主导一方几乎不使用互动策略,被动一方使用策略的次数总量只占对话话轮总量的11%~15%。结合上文"平等性"的测量标准看,该模式呈现低平等性、低相互性的特点。

综上所述,不同模式平等性、相互性的表现见表 3.2。

表 3.2 不同互动模式的平等性、相互性总览

互动模式	平等性		相互性
	贡献度	控制度	
1. 平等主动合作型	均衡	均衡	高
2. 指导-接受型	均衡	均衡	高
3. 主导-主导型	均衡	低	低
4. 被动-被动型	均衡	低	低
5. 主导-被动型	不均衡	高	低

由表 3.2 可知,"平等主动合作型"与"指导-接受型"都体现出较高的平等性与相互性,二者区别体现在相互性中对不同互动策略的使用次数上:"平等主动合作型"运用"使用后续问题"策略的次数更多;"指导-接受型"运用"请求和给予帮助"策略的次数更多。"主导-主导型"与"被动-被动型"的区分体现在控制度上:"主导-主导型"的低控制度是由于学习者都力图主导话语

权、主动阐述己方观点；"被动－被动型"的低控制度是由于学习者为完成学习活动、被动轮流汇报己方内容。"主导－被动型"则体现出低平等性与低相互性。下文将结合具体对话录音文本，对不同互动模式的特征详加分析。

第四节　互动模式的特征及表现

通过上述平等性与相互性的统计分析，我们共发现了 5 种小组互动模式：平等主动合作型、指导－接受型、主导－主导型、被动－被动型、主导－被动型。这一结果与 Storch（2002a）有所不同，我们新发现了被动－被动型（如图 3.11 所示）。在图 3.11 中，两个坐标皆为一个连续体，横坐标代表平等性，纵坐标代表相互性，性能从低到高。横、纵坐标的交叉点表示中等水平。

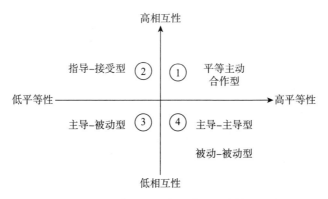

图 3.11　国际中文课堂合作学习互动模式分布

一　平等主动合作型

"平等主动合作型"互动模式位于图 3.11 中的象限 1，具有中等以上平等性和相互性，该模式在合作对话总量中占比 26.2%，共计 98 个。

在该模式中，合作者共同努力，协同认知，推动话题讨论顺利进行。在双人结对儿中，互动双方始终平等、合作解决各种沟通障碍或语言问题；在三人小组中，组内没有核心人物，组员间也没有地位和权威的区别，每个成员都能与所有成员交往互动。该模式中的学习者以一种"系统性参与模式分配"（symmetrical participating mode distribution）的形式完成老师布置的任务，通过合作找到所有学习者都认可的解决方案，完成任务。组员间没有地位和权威的区别，组员愿意为其他成员提供建议，以建立并维持"共同问题空间"（王晓燕 2014：38 – 40）。

该互动模式具备高平等性、高相互性的特征，学习者运用多种互动策略征求对方意见、解释自己看法、重复对方意见、自我修正原来意见、就对方建议提出自己看法。因此该模式有利于平等互助的会话情境的构建，有助于合作学习的高效完成。

对话 1 体现双人"平等主动合作型"互动模式：

对话 1

245 – 01　A：这个周末你有时间吗？

245 – 02　B：我有时间，你想去哪里？

245 – 03　A：去故宫。

245 – 04　B：故宫，为什么？

245 – 05　A：我的专业是中国历史，所以我特别想游览故宫。

245 – 06　B：逛故宫？

245 – 07　A："逛"是口语，"游览"是书面语。

245 – 08　B：（笑声）对对对，那还是逛故宫吧！

245 – 09　A：（笑声）所以我特别想逛故宫。故宫里有许多文物，历史…什么什么久的文物？

245 – 10　B：历史很久……历史悠久……

245 – 11　A：啊，历史悠久的文物。就是人太多了！

245 – 12　B：那个词……人山人海的！（"人"发成了四声）

245 - 13　A：（笑声）昨天的听写！"人"？（纠正为二声）

245 - 14　B：人山人海！（"人"纠正为二声）

　　在对话 1 中，两名学生主要就词语"逛"与"游览"、"悠久"、"人山人海"如何运用，以及词语的正确发音（"人"）平等协商，合作解决语言问题。我们看到，双方始终处于平等位置，通过寻求援助获取帮助（话轮 245 - 09），通过确认提供正反馈（话轮 245 - 12），通过提问求证核实（话轮 245 - 06）或纠正（话轮 245 - 13）。双方平均话轮长度、发起话轮的比例较为均衡，综合运用多种互动策略，具有较高的平等性与相互性。

　　对话 2 体现三人"平等主动合作型"互动模式：

对话 2

29 - 01　A：我们的汉语考试快到了，你准备得怎么样了？

29 - 02　B：哦，我准备得……还可以，有一点困难，因为我在香港说粤语，就是广东话，来到北京，我的普通话不是太好，不够流……流……

29 - 03　C：流利。

29 - 04　B：对，不够流利。你们知不知道怎么样可以提高你的口语？

29 - 05　A：对，因为我是新西兰人，所以我觉得口语是更难的，因为要是我想练习写汉字，我可以自己做。但是说汉语，还是听汉语，需要有别人。但是在北京，很多人说北京话，不明白，哎！

29 - 06　C：是啊，如果他们说普通话，他们也说得太快了！我也一点儿都不明白。

29 - 07　A：所以这是我最大的困难。呃，你呢？（对着 C）

29 - 08　C：哦，我，我也是汉字，尤其是写汉字的时候，有很大问题。所以我找了一份 fen dan，去学汉语的字。

29 – 09　B：fen dan？

29 – 10　C：就是这个（拿出一本书，是汉字方面的练习册）。

29 – 11　A：啊，这个不错。我可以看看吗？

29 – 12　C：没问题。你们找语伴了吗？

29 – 13　B：我还没有，但是我想找一个，互相帮助，互相说中文。如果你想找一个语伴，你希望他是什么样的人？

29 – 14　A：可以跟我开玩笑的，必须得幽默。

29 – 15　C：为什么？

29 – 16　A：因为开心的时候学习，更有效率！（率发成了路的音）

29 – 17　B：效率（率的正确发音）。

29 – 18　A：啊，效率（率的正确发音）。

29 – 19　C：哈哈，我希望是一个女生，昨天老师教给我们的，（翻书的声音）"男女搭配，干活不累"！

29 – 20　B：哈哈哈，你不是有女朋友了吗！

29 – 21　A：哈哈哈，我们一定会告诉她的！

在对话 2 中，小组成员积极讨论如何学好汉语的话题，每个成员都主动说出自己的困难（话轮 29 – 02、话轮 29 – 05、话轮 29 – 08），其他成员或者表示充分理解（话轮 29 – 05、话轮 29 – 08），或者高度赞同（话轮 29 – 11）。当学习者出现语言偏误时（话轮 29 – 02、话轮 29 – 16），其他成员通过显性纠错（话轮 29 – 17）或补充完整的方式（话轮 29 – 03）的修正策略，积极提供解决方案。我们看到，在此模式中，三个成员的话轮的数量、平均话轮长度、发起对话的话轮比例较为均衡，并综合运用多种互动策略，小组成员之间的平等性和相互性皆较高，因此，也属于"平等主动合作型"模式。

二 指导－接受型

图 3.11 中的象限 2 代表的是"指导－接受型"互动模式，在合作对话总量中占比 24.3%，共计 91 个。

尽管指导型学习者（专家）看似对活动的控制程度较大，但其与主导－主导型、主导－被动型中的主导型学习者不一样，指导型学习者（专家）积极鼓励同伴参与互动。随着合作对话的深入，指导型学习者对任务的控制程度越来越低，而接受型学习者（新手）的参与则越来越积极，合作学习的相互性和平等性不断增加，根据维果茨基（2016：351－352）的最近发展区理论，专家的持续鼓励和引导能够激发新手的潜能，使新手突破现有水平、达到更高一级的层次。"学生的支架作用主要在于提供词汇和表达方法；课堂交际活动激活了学生的最近发展区，促进了语言能力和思维能力的发展"（贾光茂、方宗祥 2009）。我们的访谈也证明，专家在给新手提供语言帮助时，也为自己提供了梳理、复习语言知识的机会，可见该模式具有高平等性、高相互性的特征，是一种有利于语言发展的互动模式。

在该模式中，指导型学习者（专家）引领整个合作对话过程，推动对话进行，但不会把自己的意见强加于对方，而是力邀同伴参与对话过程，鼓励对方说出自己的看法。接受型学习者（新手）认可对方的专家角色，也会主动参与，确认对方的意见，并提出自己的意见。

对话 3 体现双人结对儿"指导－接受型"互动模式：

对话 3

67－01　A：昨天你怎么了？怎么没来上课？

67－02　B：我不舒服，我……体温（做出体温计放在腋下的动作）

67 - 03　A：量体温。

67 - 04　B：对，量体温。

67 - 05　A：怎么样？发烧了吗？

67 - 06　B：发烧……发烧，什么意思（翻书的声音）？我体温特别高，39 度了！

67 - 07　A：发烧就是体温高，你发高烧了！

67 - 08　B：对对，我发高烧了！

67 - 09　A：今天怎么样？体温正常了吗？

67 - 10　B：哦，今天，37 度 5 了，不发高烧，但还不正常，还发烧，不舒服！

67 - 11　A：啊，你在发低烧！

67 - 12　B：哦哦，我发低烧，我还是不舒服！

67 - 13　A：可是你还是来了！（开玩笑的，假装大声咳嗽），我被你传染了！

67 - 14　B：传染？传染？（翻书的声音）

67 - 15　A：就是你感冒了，你，离我这么近，我，我也发烧了！

67 - 16　B：哈哈哈（大笑）你传染我了，我传染你了……

67 - 17　A：是你传染我了，我被你传染了。

67 - 18　B：啊，我传染你了，那你不用写作业了！

在对话 3 中，A 与 B 是指导与接受的关系。在整个互动过程中，A 全程负责引领讨论的进程，推动会话的进行，并邀请 B 始终参与互动过程。A 扮演"专家"的角色，始终鼓励 B 表达自己的观点，并多次帮助 B 积极参与讨论，共同完成对感冒生病这一话题的讨论。虽然 A 是专家，但并不是话语的"控制者"，没有把自己的观点强加给 B，反而对 B 的言语输出表现出兴趣，并力图跟上 B 的思维（话轮 67 - 07、话轮 67 - 11），通过使用"修正"互动策略，调节自己与 B 的认知差距。而 B 作为"新手"参与者，没有同伴的帮助，难以独立解决语言问题，因此，B 多次使用了"请求和给予帮助""请求和给予阐释"的互动策略。正是在 A 的帮助与启发之下（话轮 67 - 03、话轮 67 - 15、话轮 67 - 17），B 才习得了"量体温"（话轮 67 - 04）、"发高烧/低烧"（话轮 67 - 08、话轮 67 - 12）、"传染"（话轮 67 - 18）的相关知识，并能将它们正确运用。

对话 4 体现三人小组"指导 - 接受型"互动模式：

对话 4

285 - 01　B：你想吃什么？美国特色菜还是中国特色菜？

285 - 02　A：哦，随便，都行。比较快的吧，那是什么什么……

285 - 03　B：哦，那还是中式快餐吧。

285 - 04　A：哦。中式快餐，快餐。（练习该词的发音）

285 - 05　B：因为我们现在在中国，我们还是应该点中式快餐。

285 - 06　A：哈哈哈，好的。那我们打电话吧。

285 - 07　C：你好，这里是，这里是，哈哈，李先生快餐，哈哈哈。

285 - 08　A：哈哈哈，那个牛肉面的餐馆儿（B、C 同时笑），你好，我想打包，去我的宿舍。

285 - 09　B：对，打包，送到我们的宿舍。

285 - 10　A：啊对，送到我们的宿舍。

285 - 11　C：好的，你们想点几个，不对，几份（发成二声）快餐？

285 - 12　B：几份（四声）快餐吧？

285 - 13　C：哦，你们想点几份快餐？

285 - 14　A：两份，想点一份炒饭，还有一份饺子，水饺。

285 - 15　C：哈哈哈，我们这里是牛肉面！（三人同时大笑）

285 - 16　A：那就来两份牛肉面吧！

285 - 17　C：好的，有没有忌口？

285 - 18　A：忌口？忌口？

285 - 19　B：就是你不能吃什么。我没有忌口。

285 - 20　A：哦，我不吃那个香菜。

285 - 21　C：好的，不要辣椒吗？那个……不要辣……

285 - 22　B：免辣。

285 - 23　C：好的，免辣。你们在哪儿，我怎么过去？

285 - 24　A：这个我可以告诉你。你出门后左转，然后往前走，在这儿，这儿要右转（指着地图上的十字路口，但不知道怎么说）。

285 - 25　B：十字路口。

285 - 26　A：在十字路口要右转，可能100米？

285 - 27　B：对，100米，到了第二个十字路口。

285 - 28　C：第二个十字路口，有桥……桥的？

285 - 29　B：对，过街天桥。

285 - 30　C：啊，第二个十字路口，过街天桥。

285 - 31　A：然后200米，往前走，你会到一个丁字路口，你在那个边儿（不确定的语气），我们在那里等你。

285 - 32　B：靠那个边儿？

285 - 33　A：你靠那个边儿，我们在那里等你。

　　在对话4中，B与A、C是指导与接受的关系。本次讨论的主题是点外卖，在整个互动过程中，三人共同推进讨论的进程，推动会话的进行，其中，B扮演"专家"的角色，起到核心的指导作用，并尝试通过提问、解释等方式，确保其他组员A、C（"新手"的角色）参与互动、理解并达成共识（话轮285 - 03、话轮285 - 09、话轮

285 - 12、话轮 285 - 19、话轮 285 - 22、话轮 285 - 25、话轮 285 - 29、话轮 285 - 32)。B 始终支持 A、C 表达自己的观点，多次帮助他们参与讨论，共同完成对话。没有 B 的指导，A、C 较为明显的语言偏误无法得到及时纠正（话轮 285 - 08、话轮 285 - 11)，无法准确理解涉及互动进行的关键词语（话轮 285 - 18、话轮 285 - 31)，必然影响整个合作会话的相互性。因此，该对话具备"指导 - 接受型"互动模式特征。

三　主导 - 主导型

"主导 - 主导型"位于图 3.11 中的象限 4，虽然与"被动 - 被动型"都具备高平等性与低相互性，但"被动 - 被动型"的低相互性是轮流汇报造成的，而"主导 - 主导型"的低相互性是双方争相各抒己见造成的。"主导 - 主导型"在合作对话总量中占比为 8.9%，共计 33 个。该模式主要发生在双人结对儿的合作对话中。三人小组会话中，未出现各方同时主导的情形。在该模式中，合作双方最突出的表现，就是各自尽量掌控在合作会话中的话语主导权力。研究发现，在此模式中，互动双方都在努力强调自己的观点，都积极为完成任务做出贡献，但常常听不进对方的意见，不情愿接受同伴的意见或话语。互动过程中有时会出现请求核实或者请求澄清的话语，但往往难以得到对方回应。反之，合作双方会常常基于沟通问题或观点相左而争辩，不愿达成共识，声音抬高，甚至面带愠色，导致最终难以解决问题。因此，该互动模式平等性高，相互性低。以此种模式进行互动的结果，双方往往难以从对方获得帮助，双方合作解决困难的话轮很少。

对话 5 体现双人结对儿"主导 - 主导型"互动模式：

对话 5 前半部分

164 - 01　A：我去英国的时候是跟团游，非常麻烦，有很多人，有很多我不喜欢的人。

164-02　B：哦，所以你觉得自助游比较好？

164-03　A：对，我喜欢自助游，你可以交你想交的朋友。

164-04　B：但是我觉得跟团游让我省心，省钱，准备得也不麻烦。而且跟团游，还可以跟一个导游出去玩儿，他可以让你了解一些文化的（内容）。

164-05　A：但是你总是要按照导游的时间，很不自由。

164-06　B：那省心啊，特别是到了那个历史悠久的名胜古迹，没有导游，不能明白。

164-07　A：但是我们可以买那个，那个，那个 audio guide（查手机词典的动作），对，那个语音导览。

164-08　B：那个只能在景点里，人的导游可以帮助我们安排日程，更省心。

164-09　A：跟团游一点儿都不省钱，还是自助游便宜，你可以找便宜的酒店和交通工具。

164-10　B：但是那样很不舒服，住得不舒服！我要是睡不好觉，根本没法玩儿！

164-11　A：（笑声）你太娇气了，像女生一样了！……

在对话5前半部分中，讨论活动的主题是谈论不同旅行方式的利弊。在对话前半部分，两名学习者并未共同探讨利弊，而是各持己见，A 主张自助游，B 坚持跟团游，双方不同的认知观点导致双方均不情愿接受对方的观点，从导游选择到交通工具，不断展开争辩与话语争夺（话轮164-08、164-09），A 甚至通过转移话题的方式继续对自助游的坚持（164-09），因此互动过程出现了较为明显的"主导-主导型"模式。

值得一提的是，不同于 Storch（2002a、2002b）的研究结果，我们发现，"主导-主导型"互动模式有时并非完全贯穿于合作会话的整个过程，随着互动讨论的不断进行，双方的互动模式有时会发生变化，演变为平等主动合作型。而 Storch（2002a：149）谈道："在整个互动任务完成过程中，双方的互动模式是基本保持不变的。"互动模式的演变过程如对话 5 后半部分所示：

　　对话 5 后半部分

　　164 – 11　A：（笑声）你太娇气了，像女生一样了！不过，要是去外国，哪里都不熟悉，还是跟团游比较放心，我去美国的时候就是跟团游，比较省心。

　　164 – 12　B：对，咱们去山西的时候，那个导游介绍那些佛教的知识，我觉得收获很大。要是你去我的家乡墨尔本，还是我带你自助游吧！

　　164 – 13　A：哈哈哈，好的！

　　164 – 14　B：比较熟悉的地方还是自助游更省钱，更省心。

　　164 – 15　A：对。

　　由对话 5 后半部分可知，A 坚持自助游，B 坚持跟团游，并各持己见。但通过友好的玩笑缓和气氛后，A 主动谈及自己去美国跟团游的感受，发现跟团游的合理之处（话轮 164 – 11），B 也借此谈及更适合自助游的方式（话轮话轮 164 – 12、话轮 164 – 14）。由此，学习者与同伴逐渐获得关于话题主旨的协同认知，并最终接受对方观点中的合理之处，达成"自助游适合熟悉的地方，跟团游适合较为陌生与遥远的地方"之共识。可见，对话 5 较为典型地体现了"主导–主导型"模式的话语表现特征，以及互动模式随着互动讨论的进行有可能会发生变化的情形。

四　被动–被动型

　　"被动–被动型"互动模式位于图 3.11 中的象限 4，在合作对话总量中占比为 30.1%，共计 115 个，在所有模式中比例最高、数量最多。在该模式中，所有学习者都参与到对话中，对任务完成有贡献，但与同伴之间基本没有合作，成员之间的相互性不强，所有成员只是为了完成任务，各自进行了不得不发言的被动陈述，而对其他成员的贡献缺乏参与度。组员间没有地位和权威的差别，平等性强，每个组员只是按照老师要求，被动机械地陈述自己的观点，不在意同伴的观点和看法，因此成员之间缺乏合作与协商，缺乏相互性，话语中带有明显的轮流汇报的特点。

对话 6 体现双人结对儿"被动－被动型"互动模式：

对话 6

151－01　A：我的钥匙丢了，找不到了。因为我昨天去洗衣房的时候，忘记检查口袋了。

151－02　B：我的钥匙丢了，因为放在钱包里，坐地铁的时候落在车上了。

151－03　A：进不了宿舍，我只好跟室友打电话，真是急死了，要是室友在房间里就好了。

151－04　B：进不了宿舍，我只好去隔壁宿舍，但是隔壁也没有人，我都快饿死了，要是提前买点儿吃的就好了。

151－05　A：可以去（宿舍）一层的阿姨那里借。

151－06　B：可以跟室友打电话，她快点儿回来。

对话 6 讨论的话题是"要是钥匙丢了怎么办"，尽管两名学生参与到对话中，但他们之间基本没有主动合作，双方没有为对方提供同伴支架，也没有使用互动策略，尽管平等性较强，但是话轮中带有轮流汇报的特点，不在意对方的观点与看法，很少进行协商。

对话 7 同样体现双人结对儿"被动－被动型"互动模式：

对话7

181－01　A：我认为是科技的发展造成了鱼类的危机。鱼类危机是一个十分严重的问题，

这与科技发展的关系十分密切。我们一直认为鱼类资源是取之不尽的，但是，随着科技的发展，从大海中捕捞鱼类变得越来越简单。由于这些动物，尤其是鲨鱼带来的巨大经济价值，他们常常会遭到人类的滥捕滥杀。

181－02　B：你的观点只说到因为科技的发展造成了大量鱼类的灭绝。但环境是不断变化的，也有很多其他的原因使得鱼类灭绝。比如说，由于环境的变化，让一些动物不能适应环境，就逐步走向衰落。比如大约一万年前，第四冰河期结束，全球气候迅速变暖，猛犸象，还有一些其他的鱼类来不及适应环境，从而导致了大范围的死亡。另外，还有一些动物处于食物链的末端，繁殖缓慢，最后随着时间的发展，逐渐被大自然淘汰掉了。

181－03　A：我并不反对捕捞鱼类，但是，应该在发展渔业市场的同时，也保护这些动物，否则，它们走向灭绝的命运已经注定了。

181－04　B：另外，还有一些动物处于食物链的末端，繁殖缓慢，最后随着时间的发展，逐渐被大自然淘汰掉了。

181－05　A：总之，我认为是科技发展造成了鱼类的危机。

181－06　B：总之，我认为，科技发展不是造成鱼类危机的唯一原因，还有其他原因，比如环境变化、优胜劣汰。

对话7为辩论练习，主题是"科技发展是造成鱼类危机的主要原因吗"。A为正方，论点为科技发展是主要原因，B为反方。从对话产出我们可以看出，对话7不能被称为辩论，因为双方只有"论"，没有"辩"。A、B双方只是一味陈述己方观点，基本未使用

互动策略，没有反驳对方，或者对同伴的论点发表对应的意见。由此可见，对话 7 虽然平等性较强，但是基本不存在相互性，因此，该对话属于"被动－被动型"互动模式。

我们注意到，在所有互动型模式中，"被动－被动型"互动模式的对话所占比例最高。该对话模式缺乏相互性，不能充分体现合作学习的特点；虽然提高了学生在课堂上的开口率与增加了陈述观点的机会，但是不能体现合作学习以及使用汉语互动交往的特征。这与教师在合作学习中的角色、活动的主题和内容等因素有直接关系，我们将在后续章节中分析该模式产生以及占比最高的原因。

五　主导－被动型

"主导－被动型"互动模式位于图 3.11 中的象限 3，在合作对话总量中占比为 10.5%，共计 39 个。在双人结对儿的此种互动模式中，居于主导地位的学习者常常一个人长篇大论，自我主张如何解决问题；而被动型的学习者处于被动、顺从的状态，有时也讲话，但常常自言自语，有时也提出自己的建议，不会对主导者提出异议，但基本在最终阶段被对方否定，或者顺从对方的观点，对任务完成的贡献很小。双方互动量小，呈现低平等性、低相互性的特征。

对话 8 体现双人结对儿"主导－被动型"互动模式：

对话 8

96－01　A：从宿舍到超市怎么走？

96－02　B：先直行，直行大概 100 米，然后到十字路口，……

96－03　A：对，也可以……（试图插话，未成功）。

96－04　B：（停顿，但不予理会 A 的内容，继续自己阐述）往左拐，然后继续到丁字路口，往右拐，到第一次的十字路口，往左拐，然后直行，超市在你的左手边。

96－05　A：啊，这样也可以。用多长时间？

96－06　B：大概 10 分钟。

96－07　A：10 分钟？（怀疑的语气）15 分钟的话……（被 B 打断）

96－08　B：10 分钟！骑那个黄色的自行车，不太远。

96－09　A：啊，不太远。

在对话 8 中，两名学生讨论去超市的路线与时间。我们看到，A 处于强势的主导者位置，长篇大论，只顾阐述自我主张（话轮 96－04），不给 B 阐述观点的机会，并多次打断 B 试图表述其看法的谈话（话轮 96－04、话轮 96－07），当 B 使用"请求和给予阐释"的策略时，A 不予理睬。B 处于被动的位置，在被打断插话时，没有争取发表自己意见的机会，只是在顺从对方的观点（话轮 96－05、话轮 96－09），对活动完成的贡献不大。

在三人小组活动中，主导型的学习者往往会主导整个互动过程，导致其他部分组员甚至不能参与对话。对话显示，这类主导型成员在交流中经常使用"但是""我认为"等词语坚持己见，使其他成员一直处于被抑制状态。有时主导型成员也会通过提出问题，促使其他小组成员讨论，但其对同伴的谈话内容并不关心，很少提出异议或建议，继续坚持己见。教师应及时引导有主导倾向的学生，提醒其注意到合作互助的必要性。

对话 9 体现三人结对儿"主导－被动型"互动模式：

对话 9

34－01　A：怎么保持一颗平常心？我觉得挺难的，比如说我旁边的同学，汉语都学得比我好，虽然是一起学汉语，他们都说得更好，这个时候，我就不能保持一颗平常心。你们觉得呢？

34 – 02　B：不能。

34 – 03　C：其他的人都更好，不愿意和我交流了……（被A打断）

34 – 04　A：那我就没办法了。这个时候我的心（态）就不平衡了。你们觉得有什么好的办法，保持一颗平常心？

34 – 05　B：哦，哦……听音乐。

34 – 06　C：运动，跑步。

34 – 07　A：没有高的期望值，最重要了，这个，（挺）难的。有的时候。我对自己没有高的期望值，但是我的朋友和家人有，这就不平衡了。但是有的时候，他们没有对我有高的期望值……

34 – 08　B：期望值？值是什么意思？

34 – 09　A：但是我自己对自己有高的期望值，这也是个问题。还是自己的想法最重要，我觉得。你们觉得呢？

34 – 10　C：嗯。

在对话9中，三人一起讨论"如何保持一颗平常心"的问题。A明显处于主导的位置，一直在坚持阐述自己的观点（话轮34 – 07、话轮34 – 09），打断C的阐述（话轮34 – 03），甚至对B的"请求和给予阐释"的互动策略（话轮34 – 08）不予理睬。A使用"我觉得"等词语坚持己见，使其他成员B、C一直处于被抑制状态。虽然A一开始通过提出问题，促使其他小组成员讨论，但提问之后便自说自话，对同伴的谈话内容并不关心，很少提出异议或建议，坚持己见。因此在该对话中，有一个处于控制、主导地位的组员，平等性、相互性都较低，该对话属于"主导－被动型"模式。

本章依据Damon & Phelps（1989：9 – 19）、Storch（2002a）、寇金南（2015）的互动模式分类模型，从平等性与相互性两个维度探讨国际中文课堂合作学习的互动模式；通过量化与质性研究相结合的方法，发现国际中文课堂合作学习的五种主要模式："平等主动合作型""指导－接受型""主导－主导型""被动－被动型""主导－被动型"。其中"被动－被动型"相较于前人研究是新的发现。互动模式在同一合作对话中，一般较为固定，但有时也会随着合作对话的深入有所变化，例如从"主导－主导型"转化为"平等主动合作型"。这与 Storch（2002a）提出互动模式一旦固定就难以变化的看法有所不同。

五种不同的互动模式体现不同的互动特征。"平等主动合作型"模式具备高平等性、高相互性的特征，学习者运用多种互动策略征求对方意见、解释自己看法、重复对方意见、自我修正原来意见、就对方建议提出自己看法。该模式有利于平等互助的会话情境的构建，有助于合作学习的高效完成。

在"指导－接受型"模式中，指导型学习者（"专家"）引领整个合作对话过程，推动对话进行，但不会把自己的意见强加于对方，而是力邀同伴参与对话过程，鼓励对方说出自己的看法。指导型学习者在提供语言帮助时，也为自己提供了梳理、复习语言知识的机会，接受型学习者（"新手"）认可对方的专家角色，也会主动参与，确认对方的意见，并提出自己的意见。"指导－接受型"模式也呈现平等性、高相互性的特征，但相较于"平等主动合作型"，在该模式中学习者更多地运用"请求和给予帮助"的互动策略。

"主导－主导型"模式中合作双方最突出的表现就是各自尽量掌控在合作会话中的话语主导权力。在此模式中，合作双方都在努力强调自己的观点，会常常基于沟通问题或观点相左而争辩，不愿达成共识导致最终难以解决问题。以此种模式进行互动的结果，双方往往难以合作解决困难并从对方获得帮助，因此该互动模式平等性高，相互性低。

在"被动－被动型"模式中，组员间没有地位和权威的差别，平等性强，每个组员只是按照老师要求，被动机械地陈述自己的观点，不在意同伴的观点和看法，因此成员之间缺乏合作与协商，缺乏相互性，话语中带有明显的轮流汇报的特点。虽然"被动－被动型"与"主导－主导型"都呈现高平等性、低相互性的特征，但前者的低相互性是轮流汇报导致的，后者的低相互性是双方争相各抒己见导致的。在所有互动型模式中，"被动－被动型"模式的对话所占比例最高。该对话模式缺乏相互性，虽然提高了学生在课堂上的开口率与增加了陈述观点的机会，但是不能充分体现合作学习以及使用二语互动交往的特点。

在"主导－被动型"模式中，一方学习者处于强势的主导地位，常常自我主张如何解决问题，长篇大论；而被动型的学习者处于被动、顺从的状态，虽然有时也提出自己的建议，但基本在最终阶段被对方否定，或者顺从对方的观点，对任务完成的贡献很小。双方互动量小，呈现低平等性、低相互性的特征。

综上所述，通过分析五种模式的特征，我们发现，"平等主动合作型""指导－接受型"模式更易引导学习者获得更多语言习得与认知发展机会，促进其在最近发展区的进步与学习。"主导－主导型"模式虽然平等性高，能够使学习者充分表达观点，各抒己见，但相互性低。"被动－被动型"模式虽然同样呈现高平等性、低相互性的特征，但更多在发言时间、话轮长度上体现出平等性，这两种模式不能充分体现合作学习的特点。在"主导－被动型"模式中，被动型学习者无法从合作对话中得到互动能力与语言表达能力的提升，因此，该模式下的合作对话呈现低平等性、低相互性的特征。该模式不利于学习者共同进步，特别是对于被动型的学习者而言，该模式不利于其语言能力的发展与提升。

本章是对国际中文课堂合作学习互动模式的初步探索。课堂合作学习是一个高度动态复杂的过程，关于互动模式还有很多问题值得继续深究，未来需要开展更多的实证研究以进一步讨论。

第四章　教师角色对合作学习的影响*

在国际中文课堂环境中，没有教师的发起、组织、实施、监控，就没有合作学习的发生。然而较为遗憾的是，在前人研究中，教师角色对于课堂合作学习的作用与影响少有涉及，这与外语合作学习研究多在特定实验条件下进行而非自然真实课堂中进行有关。本章基于真实的课堂，借鉴教师角色理论，将教师角色作为影响课堂合作学习的主要因素纳入研究范围，主要运用质性研究方法，遵循扎根理论的路径，通过课堂观察与师生访谈收集数据，考察课堂合作学习不同阶段中的教师角色对于合作学习运行机制的作用与影响。

课堂合作学习存在一定程度的局限性，这也是我们分析教师在其中作用与角色的出发点之一。通过梳理学界已有研究成果，结合本书的研究问题，我们发现在课堂合作学习中，如果没有教师的合理引导，学习者会因为缺乏自我管理和自我监控能力，导致合作讨论中出现偏离主题或效率低下的情况；学习者在互动过程中易受到同伴某个话题或者观点的引导，继而偏离既定目标；学习者少有像教师那样进行启发式提问来激发同伴的自主思考（李丹丽 2014）。

课堂合作学习带来的局限性，需要教师角色的引导与更正。在监控合作学习的过程中，教师可以适时指出合作对话中的错误；学生偏离讨论主题时教师应及时引导；小组对话中有学习者占据话语

---

*　本章节的部分内容发表于论文《国际中文课堂合作学习的教师角色研究》[刘路、刘元满，《天津师范大学学报》（社会科学版），2022（3）：43–51]。

权导致他人不能发言或发言较少时，教师应通过科学分组等方式，保证学生发言机会的平等；如果学习者对话中出现的沉默现象过多，教师应综合考虑任务内容、学习者的国别、性别、学习者之间的关系等多方面因素，设法减少对话中出现的沉默现象。如前文所述，国内外有关教师作为课堂合作学习的引导者、监控者、协调者、评估者，在课堂合作学习中的作用与角色的研究并不充分。这正是本书希望深入探讨与解决的问题之一。

通过第二章对同伴支架的分析，我们发现同伴支架的局限性：学习者不纠错或者产生错误的同伴支架。面对这些问题，教师如何考虑与监控？在合作学习的互动模式中，教师角色对于不同互动模式的产生有哪些影响？"主导－主导型"模式、"主导－被动型"模式、"被动－被动型"模式均不利于合作对话与中文学习，教师应如何干预与调整，使其转化为促进合作对话与中文学习的"平等主动合作型"模式或"指导－接受型"模式？本章依据教师角色理论，尝试分析上述问题。

第一节　合作学习不同阶段的教师角色

刘越（2015：18－19）总结前人研究，较为全面地展示了教师在合作学习的不同阶段应承担的角色与发挥的作用。在分组活动实施前的阶段，课前教师要做好教学前决策，基于对学生需求和课堂内容的分析设计小组活动；课上教师介绍活动任务与合作方式，将学生分组，根据学生反馈，必要时向学生模拟一轮活动过程，给出活动成功的标准。在分组活动实施中，教师需创设良好的活动环境，用各种方法帮助学生进行协商、在语言的实际使用中掌握语言知识和交流技巧；实时观察学生在活动中产生的语言，并且及时给出小组反馈和个别反馈。在分组活动实施后的阶段，教师可先请学生小组进行展示，随后对活动进行总结，指出活动中的典型错误，根据学生的实际表现及时评价，并注意保护学生参与活动的积极性。教师评价时可将学习过程评价与结果评价相结合、小组评价和个人评价相结合，灵活采用自评、他评和小组互评等方式，让学生认识到自己在小组活动中的收获与不足。最后，教师要根据学生在分组活动各阶段的表现，反思该教学活动是否成功，以备在以后的分组活动中调整与修正。

结合前文的文献综述，我们分别从教师角色功能、合作学习实施流程的视角，梳理了学界对教师在课堂合作学习中角色与作用的研究。下面总结概括前人研究中二语课堂教师角色在合作学习不同阶段的呈现情况（见表4.1）。

表4.1 课堂合作学习各阶段教师角色

分组活动阶段	教师角色功能	教师角色行为
活动实施前	组织者	课前：基于课堂内容与学生需求，设计分组活动
		课上：阐明活动要求；科学分组；发起分组活动
	示范者	示范活动用语；模拟活动流程
	指导者	检查学生理解；提供活动步骤策略
活动实施中	观察者	观察活动进展 观察小组整体氛围、组内成员的言行、优异表现、失误与偏误
	促进者	促进语言知识与交际策略的运用 引导学生内化整合语言信息，帮助学生意义协商
	监控者	督促学生参与活动 按照要求与流程实施活动
	信息提供者	回答学生提问，提供必要信息
	反馈者	提供反馈 肯定学生的正确表达，合理灵活处理学生的失误与偏误
	参与者	直接参与学生的合作对话
活动实施后	组织者	安排小组展示，促进非展示小组学生的理解与学习
	总结者	概述活动整体效果，总结语言点，总结失误与偏误
	评价者	以小组为单位点评合作学习表现，点评学生个人表现
	反思者	反思活动成功与不足，完善下次活动

由表 4.1 可知,研究者论及的上述诸多教师角色,角色功能存在交叉重合之处,彼此的区别、差异不清晰。例如"组织者"与"促进者",可以说在合作学习中,教师在各阶段的不同角色都具备组织性与促进性,因此,以其界定教师角色功能,指向不明确,与教师角色行为不能完全匹配。有的角色所指功能相似,或者存在包含与被包含的关系,例如"指导者"与"反馈者""信息提供者",可以说反馈与提供信息是指导的不同方面。而"观察者"与"监控者"以及"总结者"与"评价者",在角色行为上存在较多的交叉与重合之处。

由上述角色界定与区分带来的问题可知,在合作活动实施过程中,教师角色功能存在上位与下位的区别。上位的教师角色功能对于合作学习的发起与实施起到决定性的根本作用,可以说,没有该教师角色,就没有合作学习的实现,比如"组织者""促进者""指导者"。上位的教师角色通过各阶段不同的角色行为,全程组织、支持、促进合作学习,但在不同的合作活动阶段,功能体现有所偏重。例如"指导者"功能,在活动实施前阶段体现突出,但是在实施中、实施后阶段相对弱化;又如"组织者"功能,在活动实施前、实施后阶段体现突出,在实施中阶段相对弱化。下位的教师角色功能在上位教师角色的基础之上实现,在活动实施的部分过程体现,反映出教师角色功能的独特性与重要性。比如"观察者""监控者"功能,集中体现在活动实施中阶段;"总结者""评价者"功能,集中体现在活动实施后阶段。

综上所述,在分析国际中文课堂教师角色行为时,首先,我们应当厘清教师角色的上下位关系。其次,结合不同的活动实施阶段,在分析教师角色行为时,体现出上位教师角色功能的不同偏重。再次,在分析不同角色功能时,整合角色行为多有交叉与重合的不同角色功能,界定更为恰当、准确的角色功能。在明确教师角色功能的基础之上,充分考虑合作学习的特征,重点分析其体现出的教师角色行为,考察教师角色行为是如何影响国际中文课堂合作学习的。

结合课堂观察、教师访谈以及前人研究成果，我们初步整合出国际中文课堂合作学习中的教师角色框架（见表4.2）。

表4.2　国际中文课堂合作学习中的教师角色研究框架

教师角色功能	整合表4.1中的功能	体现的活动阶段
引导者	组织者、示范者、指导者	活动前、活动中、活动后
监控者	观察者、监控者	活动中
协调者	信息提供者、反馈者、促进者	活动中
评估者	总结者、评价者、反思者	活动后

表4.2中教师角色功能的分类，可以较为清晰地体现出教师角色功能的上下位层次：引导者功能位居根本，是其他教师角色的基础，居上位；监控者、协调者、评估者功能重点体现在活动过程的部分阶段，居下位。该分类能够突出教师在合作学习中的重点功能，较为清晰、明确，有利于更具针对性、层次性的分析。我们未将表4.1中的"参与者"角色整合进来，原因是在本书的课堂观察中，较少发现教师以对话者的身份直接参与到学习者的同伴对话中。另外通过笔者对教师与学习者的访谈可知，教师认为直接参与到学生的对话中会占用学生的练习机会，对学生不公平。学习者则认为，有老师参与的对话，自己不敢或者不好意思继续发言，心情比较紧张，因此不希望老师直接参与到自己与同伴的对话中。在下文中，我们将从教师的引导者、监控者、协调者、评估者的四个教师角色功能出发，详细分析各角色功能体现出的教师角色行为，考察教师角色行为对合作学习的影响。

第二节　教师课堂角色的具体表现

一　活动全局的引导者

教师作为引导者的角色功能，重点体现在合作活动前设计、发起中，以及合作活动后的小组汇报阶段。表 4.3 展示了教师作为引导者在不同阶段的角色行为。在美国语言教师效能课堂观察量表中，鼓励语言教师推动学生积极参加双人与小组活动是提高教学效能的重要教师行为之一（丁安琪 2014）。其中，"教师是否有意识安排学生进行双人或小组活动""活动指令是否清晰""教师有无示范活动"的观察项，可以帮助我们考察教师作为引导者的角色功能是否发挥充分到位。

表 4.3　教师作为引导者的角色行为

功能角色	活动阶段		角色行为
引导者	活动前	课前	基于课堂内容与学生需求设计分组活动
	活动中	课上	阐明活动要求，科学分组，分配组内任务
			提供互动策略，检查学生理解
			示范活动用语，模拟活动流程
	活动后		安排小组展示

在分组活动的课前准备阶段，通过访谈教师，我们了解到教师在课前备课过程中，准备分组活动时的设想和预期。对于设计合作活动的意识与目的，教师普遍认为，口语课堂上的分组活动是必要的，不可或缺。教师 G 谈道："我觉得是比较必要的，他（指留学生）下课以后使用汉语的机会真的不多。"教师 B 则认为："有一个完整流利的学生感兴趣、愿意投入的活动作为基础，更有助于落实语言技能、语言点、词汇。"由此可见，增加学生练习口语的机会，丰富学生学习语言技能与语言知识的形式，是教师实施与设计课堂合作学习活动的主要初衷。

什么样的活动或任务比较适合合作学习？教师 A 从学习内容的角度出发谈论道："包括词汇，包括语法，包括篇章表达，都适合，我觉得都适合。我也都做，词汇阶段，词汇学习阶段，还有这个课文理解阶段，还有那个语言点的讲解教学阶段，我都喜欢用这种活动小组两个人的形式。主要的考虑就是说它有没有能够激发，或者是提供一个条件使学生感兴趣，能围绕比较集中的一个活动主题或者是说能构成一个完整的活动过程，或者是从内容和主题使学生感兴趣。然后能构成一个相对明确的主题，我就更愿意用活动。"教师A 的看法相当具有代表性，通过课堂观察，我们也发现，课堂上学生合作学习的内容涉及语言知识巩固的语言点练习、语言技能学习与交际能力提高的任务练习等多个方面。教师 C 则从学生语言水平的角度，认为面对不同水平与级别的学生，针对语言形式、语言点的练习，以及针对话题内容、观点表达的练习，应有所侧重："中级（水平）要注意语言形式方面，语言形式要正确、要准确，模仿型更多一点，而且是比较生活上的、学校的，跟他们生活离得比较近。高级（水平）一定要有他们自己的想法，这个方面对于语音方面，对于词汇方面，还有包括语法方面不是那么严格。"

不同的练习内容对于合作学习互动模式的形成有较大影响。相当数量的"被动－被动型"互动模式的出现，集中在语言点练习的活动上。学习者就练习的语言点，分别造句或谈论自己的看法，或者根据教师或教材给出的句式练习，产出自己的语句。在此类练习中，学习者在教师语言点练习的指令下，只产出练习需要的有限语句，缺乏同伴的互动与交流，因此，导致大量"被动－被动型"互动模式的产生。而其他几种互动模式，多产生在语言技能学习与交际能力提高的任务练习中。

阐明分组活动要求与组建小组，是教师在合作学习中必须实施的最重要角色行为。针对单一语言点的练习活动步骤较为简单，教师只需发布练习指令，简单解释。要求相对复杂的小组活动，教师需要逐步分解任务要求，并花费更多时间阐明活动要求。因此教师解释小组活动要求所用的时间也相应存在一定差异。教师主要有三种阐明活动要求的方式，分别为用语言解释、板书、使用多媒体课件。其中，多媒体课件展示可全面展示活动主题，设置活动的情境、活动步骤以及重点语言点，因此，学生的接受程度较高。

对于"活动指令是否清晰"一项，也是为了考察学生是否正确理解教师的意图。若教师在未确认学生完全理解活动要求的情况下发起小组活动，学生可能会无所适从，导致合作不畅。这是检验教师是否阐释清楚活动内容、确认学生是否明白活动要求的重要方式，我们通过课堂观察发现，只有 3 名教师分别在 4 次小组活动中，通过让学生解释活动指令的方式确认学生对活动要求的理解。由于我们观察的课堂聚焦中高级水平，学生对于教师活动指令的理解较为迅速与清晰。

对于课上小组活动开始之前，"教师有无示范活动"，Brown（1994）认为，对于较为复杂的活动，教师提供活动示范是确保学生明白活动要求的有效方法。我们通过课堂观察发现，由于学习者水平处于中高级阶段，可以较为迅速理解教师的活动指令，因此，教师较少进行示范。

如何分组，是推动小组合作学习的关键所在。每一组的人数、学生国别、小组讨论人员是否固定，都是教师在活动开始之前需要充分考虑的问题，因为这影响分组活动时的相互性与平等性能否充分实现。对于分组人数的看法，教师 D 的观点是："我觉得两人形式容易准备充分，三人形式准备出来的内容丰富，我觉得是各有各的好处，两个人他可以把自己的内容说得特别充分，但是呢容易就限制在他们里了，如果是三个人互相听加上讨论以后，出来的结果特别有意思。……四个人有点多。……（四个人的话）有的人或者偷懒了，或者有的人时间不够，不太充分嘛，四个人有的还没来得及说，他是没来得及发挥充分已经讨论完了。"在教师 C 看来："其实三个人是最好的，三个人他的责任比较明确，……两个万一观点有冲突，还有一个可以调节。……三个人比较多，就是有一个是记录，有一个是负责组织，还有一个上来汇报，分工明确。"总的来说，教师普遍认为，每组 2～3 人是较为合适与理想的规模，因为学生都可以拥有相对均等、充分的发言机会。

对于组员国别与人数是否应当固定的问题，教师们普遍认为，不同国别、组员不固定的分组安排，有助于良好班级氛围的形成，使不同性格的学生有更多与不同同学交流与互动的机会，对于打破"主导－被动型""主导－主导型"等不利于合作对话的互动模式大有裨益。教师 B 谈道："（对于合作学习），首先学生之间的关系，千万不能小看，就是同学之间要有一个集体荣誉感，所以呢要想尽各种办法让同学熟悉起来，互相了解，通过各种各样的形式吧。如果同学之间关系万一在下面有一些问题的话，就会直接影响课堂，尤其班级固定的时候。班级固定，（要让）同学之间互相了解，（老师）一定要给他们一个机会。座位固定是很不好的，让他们（没）有机会认识其他同学。"通过课堂观察我们注意到，虽然教师的分组初衷是尽量保证不同的学习者分在一组，国别相同的学生也尽量分开，但在实际课堂教学中，教师分组仍以就近原则为主。另外，教师也会借助灵活多样的抽签方式（如扑克牌花色分类、按抽到词语的词性分类等），保证分组活动中学习者的多样性。

互动策略的积极使用是提升合作学习相互性的重要途径。前文提到，互动策略主要有使用后续问题、请求和给予阐释、修正、请求和给予帮助。教师若能在学生合作对话开始前就有意识地预先培训互动策略，或者通过提前说明、适时强调的方式引起学生的注意，学生或许在合作对话中会更加有意识地使用互动策略。遗憾的是，多数教师没有在课堂教学中有意识地对学生进行此方面培训，仅有两名教师提到，由于教材中曾出现关于访谈的课文，或者如何追问的练习，他们根据教材对学生做过相应的指导，即访谈中如何提问、如何总结、如何进一步追问等。总的来说，教师对学生关于互动策略的指导与练习相对欠缺。

二　活动中的监控者

在学生合作活动进行中的阶段，教师作为监控者，主要从观察与督促两个方面指导学生的合作学习（如表 4.4 所示）。

表 4.4　教师作为监控者的角色行为

角色功能	活动阶段		角色行为
监控者	活动中	观察	观察活动进展，督促学生参与活动
			观察小组整体氛围、组内成员的言行、优良表现、失误与偏误
		督促	督促学生参与活动
			督促学生按照要求与流程实施活动

在活动进行中阶段，我们发现在老师下达活动开始的指令后，学生常常有短时间的静默。除了学生理解消化教师指令必须花费的时间，静默期也与学生没有完全理解教师对活动的指令有一定关系。对此，学生 S7 谈道："有的时候不太理解老师的意思，让我和伙伴们做什么？还需要自己想一想，或者问问同学。"对于小组活动开始之前出现的这种静默期，教师 D 说："你布置一个话题之后，让学生自己能先想一想，然后再开始（对话），这样的话他能先思考，要不直接成组以后有的时候他就不想了，自己不想了直接听别人了。"由此可见，在合作活动开始之后，教师可适当给学生预留出思考如何对话与开展活动的时间。对于偏主导型的学生，这短暂的静默期更像是"冷静期"，在冷静的过程中使自己的发言内容更有针对性、更紧扣主题。对于偏被动型的学生，在静默期可以及时思考与组织自己的发言内容，增加变被动为主动的机会。

在前文分析同伴支架时，我们注意到，学生常常不纠正同伴的语言错误，或者对错误的同伴支架产生共识，认为自己输出了正确的同伴支架。在分析合作学习的互动模式时，我们发现，在"主导－被动型"互动模式中，主导型学生常常占据话语主动权；在"被动－被动型"互动模式中，学习者常常缺乏互动与合作；在"主导－主导型"的互动模式中，学习者之间常常缺乏融洽友好的合作学习氛围。另外，少数学生谈论的内容与教师要求的活动内容无关，出现"跑题"的情况。教师监控过程中，在听到错误的同伴支架以及学生"跑题"时，会当场适时更正。其余情形下，多是做一名安静的"旁观者"，不会采取现场直接干预的行动，而是在活动后的小组总结与展示阶段集中点评与分析，或者在后续课堂中通过新的分组打破原有不利于合作学习的互动模式。对此教师 B 的看法是："现场打断学生的对话，会耽误学生有限的交流时间。……学生的思路被打断了，影响他们的正常发挥，我一插话，学生就紧张了，能看得出来。所以有语言或表达上的问题，比较突出的，我会记下来或者写在黑板上，等学生说完了我再总结，或者（活动）之后等他们自己上来说的时候，有时候其他学生就直接提出来了，这样更能加深他们（对错误）的记忆和掌握。"

通过访谈学生，我们发现教师在监控学生时的体态语会对学生合作对话时的心态产生一定影响。学生 S6 说："当我和同学交流时，老师走到我身边，我会紧张，要是他一直在那里听，我会更紧张。"学生 S5 说："我们练习时，老师如果一直站在那里（讲台），我觉得不太好，我觉得他好像不关心我们。"学生的看法引发我们的思考：在巡视监控学生合作对话的过程中，教师应当怎样展示较为适宜的体态语？对此，教师 C 生动地总结道，在学生合作对话过程中，教师最好的位置就是"招之即来，挥之即去"，教师可以通过不断在教室行走与巡视的方式，减少在学生身边过长时间的停留，不影响学生的发言与表达。当学生有问题提出时，教师及时出现，答疑解惑。因此，教师在监控学生合作对话时，恰当的体态语有助于形成放松又不失专注的融洽的合作学习氛围。

在学生合作对话过程中，我们常常会发现，对于教师指定使用的语言形式或者语言点，学生常常回避使用，学生更多的是关注语言意义与观点的表达。不少学生在访谈中也提出，和同学在合作对话的过程中，不会特别刻意去使用教师指定的语言形式，更在意的是自己与同伴语言内容与观点的交流。对于教师在监控过程中发现学生回避使用指定语言点或表达形式的问题，教师 A 谈道："这两个东西（活动内容与语言形式——作者注）是同时展现给学生的，学生为什么不用呢？一个是为了他活动的需要，他如果活动时要三心二意，一头要关注这个活动、互动能够进行，一头要想着那个（使用指定语言点——作者注），他的负担很重。可是从另外一个角度上来说，并没有证据证明或者是说我个人认为这不意味着学生没有关注那个，没有关注老师要求的这些语言点……不能够说老师关注的或者是课堂活动所关注的那些语言点没有在学生的头脑里经过一个……就是我们的想法是说他能够用这些语言点，但是他没有用，他没有用不意味着他没有经过思考，没有经过比较。"在教师 A 看来，第二语言从输入到输出需要过程，不应逼迫学生强行输出指定语言点。

教师 G 也认为，侧重语言点与语言形式的练习，可以在监控的过程中适当督促学生有意识地使用语言点。而侧重交际与表达观点或态度的话题练习活动，应当优先关注学生在整体话题上表达的内容。"如果很多生词或者句式，逼着学生来用，他自己觉得没用，很快就忘了。"因此，针对不同练习目标的合作学习活动，教师对于学生运用指定语言点或语言形式的监控，应有轻重缓急之分，这有助于学生形成利于合作学习的"平等主动合作型"模式以及"指导－接受型"模式。

在分组活动讨论时间的控制方面，接受访谈的教师都有控制时间的意识，会根据活动内容的不同，规定活动时间在 3～5 分钟或 5～10 分钟不等。虽然多数教师在口头上有明确的活动时间要求，但通过课堂观察我们发现，教师对于实际活动的时间把握有待加强。教师对时间控制的角色意识与实际表现出的课堂角色行为之间，产生了一定的偏差，特别是涉及学生表达态度或观点的对话练习，教师在时间的把控上往往做不到严格守时。另外，很少有教师对于合作学习中每一名学生的具体发言时间做出明确规定与限制。活动整体时间把控与学生单独发言时间限制上的要求不明确、不严格，是导致"主导－被动型"互动模式产生的重要原因之一。在该模式中，主导一方的学生常常长篇大论，被动一方的学生发言时间常常被压缩，导致其不能充分地表达自己的观点。因此，教师如能在发言时长上做出明确规定与有效限制，将有助于提高学生发言机会的均等性，进而进一步提升合作学习的平等性。

"学生是否清楚活动的目标""教师有无检查学生对指令的理解度"是美国语言教师效能课堂观察量表（丁安琪 2014）中观察教师在合作对话进行中作用的重要维度。在考察教师作为监控者的角色时，我们也可以以上述维度为参考，提升教师作为监控者角色的质量。

三　活动中的协调者

教师作为协调者的角色，也集中体现在学生合作对话的过程中，与上文提到的作为监控者的角色有着密切的关系。表 4.5 展示了教师作为协调者体现出的角色行为。

表 4.5　教师作为协调者的角色行为

角色功能	活动阶段		角色行为
协调者	活动中	提供信息	学生提问时答疑解惑，提供必要信息
		反馈学生	肯定学生的正确表达，合理灵活处理学生的失误与偏误
			促进语言知识与交际策略的运用
			帮助学生意义协商

和教师作为监控者的角色侧重"安静"地观察与监督相比，教师作为协调者的角色，侧重在合作对话过程中学生与教师的语言交流。当学生在对话中遇到困难或不知如何表达时，教师应及时答疑解惑。当学生在交流时不知如何使用互动策略以推动会话的进行时，教师应及时告知学生恰当、合适的互动策略，以推动合作对话的顺

利进行。学生如果出现较为明显地影响交际的失误与偏误，教师可以当场指出。如果学生在求助同伴或者查询词典后仍不知如何用汉语表达时，教师应当及时帮助学生输出正确的语言形式。总之，教师作为协调者的角色，主要体现在学生亟须教师的帮助才能推动合作学习继续进行的时刻。

四 活动后的评估者

教师作为评估者的角色，主要体现在学生合作对话之后的小组汇报阶段，以及课后教师对于合作学习的反思与改进阶段。表 4.6 展现了教师作为评估者体现出的角色行为。

表 4.6 教师作为评估者的角色行为

角色功能	活动阶段			角色行为
评估者	活动后	课上	总结	概述合作活动整体效果，总结常用的语言点，总结学生失误与偏误
			评价	以小组为单位点评合作学习表现，点评学生个人表现
		课后	反思与改进	反思活动成效与不足，并进行完善

在小组汇报阶段，教师作为评估者的角色，主要体现在总结与评价两大方面：在总结时，概述合作活动整体效果、总结常用的语言点、总结学生失误与偏误等；在评价时，以小组为单位点评合作学习表现、点评学生个人表现等。在课后反思与改进阶段，教师主要反思合作活动的成功与不足，以完善下次活动。美国语言教师效能课堂观察量表（丁安琪 2014）将"学生能否实现活动目标""活动能否激发学生参与的兴趣"作为教师在课堂合作学习中角色的重要观察维度。我们认为，这两个维度可以作为教师在课后反思学生合作学习时重要的参考依据。

由于时间所限，教师在合作学习的展示阶段以学生汇报、展示合作学习内容为主，教师的评估内容与时间较少。在学生合作学习展示机会的把握上，将近一半的教师会让所有小组都展示学习内容，其余教师会根据教学进度，随机挑选 2～3 组进行展示。通过访谈学生我们了解到，学习者都希望自己所在的小组得到展示机会。学生S8 谈道："我很想老师让我们介绍，对自己是一个锻炼。但如果大家都去，有时候确实比较耽误时间。"这的确涉及学生展示机会的公平性与教师课堂进度时间把握之间的矛盾。对此，教师 B 的处理方式是，让所有的小组都得到展示的机会，同时要求非汇报组学生在展示结束之后，总结汇报内容或向汇报组学生提问。这种教学方式调动了全体学生在合作对话后的学习积极性，值得肯定与借鉴。

我们注意到，教师作为评估者，在此阶段的评价内容以活动内容为主，对于学生互动策略的使用情况、学生之间的合作是否充分，较少评价，或者评估较为简单、抽象。并且教师评价以单个学生为主，对于作为活动整体的结对儿或小组表现，评价较少。对于出现"主导–主导型""主导–被动型""被动–被动型"等不利于学生合作学习的活动模式，教师较少在评价中提及。通过访谈教师我们了解到，评价时教师更多以鼓励与肯定为主，在监控过程中发现的合作中出现的问题，教师更倾向通过后续活动的教学准备予以更正或预防。对于学生在合作学习中互动策略的使用情况，只有教师 A在点评时，明确表扬了某一组学生较多地使用互动策略；其余教师皆未在评估中注意到互动策略的使用情况。总的来说，教师作为评估者的角色，主要体现在总结常用的语言点、总结学生失误与偏误等方面，对于合作学习的同伴支架以及互动模式影响有限。

综上所述，在课堂合作学习的不同阶段，教师作为引导者、监控者、协调者、评估者，从四个方面影响合作学习。教师的引导者角色是合作学习发起与实施的基础，是居于上位的教师角色。教师作为监控者、协调者、评估者的角色，在合作学习的不同阶段起作用，是下位的教师角色。教师对活动内容的选择、小组成员如何搭配（人数、国别、是否固定、学生个性等）、监控合作对话过程中如何处理学生的语言错误等，都会对合作学习产生影响与作用。

我们在前文分析同伴支架时发现，在合作学习时，学习者并不都能成功、恰当、准确地提供同伴支架，或忽视，或犹豫，或提供错误的反馈。原因可能是出于面子考虑不愿意打断对方话语或者指出问题，也可能是学习者由于水平不够不能发现问题，除此之外，缺乏互动技巧，不知道如何运用互动策略恰当或准确地互动，也是较为重要的原因之一。因此，教师在课前准备阶段，应根据合作活动的目标与特点，加强对学习者互动策略培训的意识，融入互动策略的练习，提升合作活动的相互性。在课上学生的合作活动开始前，作为引导者，应有意识地教授学生互动合作策略，以提高学生在紧接下来的合作活动中使用互动策略的频率、提升合作学习效果的意识与自信。"教师应清晰地引导学习者参与他人、与任务和不断改善环境的互动，使之能有机地创造学习机会和利用学习机会。"（Naughton 2006）

在分组时，教师应结合活动的具体内容，充分考虑活动人数、学生国别是否不同、组内成员是否固定、学生性别、性格等多方面要素。在合作学习进行过程中，教师应当较为严格地限制活动时间，时间不宜过长，同时尽量明确组内每一个学习者的发言时间，从而保证合作学习的平等性。

在合作学习活动后阶段，尽管活动展示之后的评价时间有限，但作为评估者的教师应有意识地尝试构建科学合理的学习评价环节。

首先，多角度全面评价。小组合作学习所完成的任务成果，可以采取个人和小组自评、教师评价与其他小组互评相结合的方式，多角度评定会更为全面合理。而学生对他组评价的步骤，可以有效监控学生在自己参与的小组活动结束后，是否集中注意力倾听他人、练习语言表达，同时促进学生之间取长补短、互相学习。

其次，重视学习过程评价与学习结果评价相结合的全面评价。教师除对小组学习结果进行评价外，更要注重对学习过程中学生的语言表达、合作态度、合作意识、参与程度等方面展开多方面评价（神惠子 2016）。在过程评价中教师应关注每个组员的情况，尤其是性格内向、发言较少的学生，以及时发现并适时解决问题。通过过程评价与结果评价的结合，提高学生参与合作学习的积极性、主动性。

第五章　课堂环境对合作学习的影响[*]

在课堂合作学习中，除了教师角色这一主要因素之外，师生关系、生生关系以及学习者个人在合作学习时的内心感受，都会影响课堂合作学习及其运行机制。上述方面如何共同影响、综合作用于合作学习，课堂环境理论提供了较为全面可行的研究视角。本章借鉴课堂环境理论，通过运用《国际中文课堂合作学习环境量表》，调查与分析课堂环境在合作学习中的作用。

在课堂教学中，我们常常用生动活泼、积极向上或者死气沉沉、沉闷无趣等词语来形容课堂气氛。在生动活泼的课堂氛围中，师生心情愉悦，学生踊跃发言，积极互动，师生关系与生生关系都十分融洽。在本章中，通过访谈教师我们了解到，所有教师都认同，良好的课堂气氛能够有效促进合作学习。相较于在课堂中容易观察到的教师教学行为与角色，课堂环境主要是指学生在参与合作学习时的心理感受，是隐性的，不像教师角色那样显性、易被观察与感知。通过访谈学生我们也发现，学生的心理感受会引起学习行为的变化，进而影响合作学习，因此，课堂环境对国际中文课堂合作学习有较为重要的影响。

课堂环境或班级环境（classroom/class environment），即通常说

---

[*] 本章节的部分内容发表于论文《国际中文课堂合作学习的环境要素研究》［刘路，《西安外国语大学学报》，2022（2）：55-61］。

的学习氛围或课堂气氛，是指师生对所处班级或课堂的心理知觉或感受，是决定学生发展的潜在因素（屈智勇 2002）。《教育大辞典》（顾明远 1990：34）对课堂环境的定义是："课堂教学中师生所呈现的一种心理状态，其良好的标志表现为师生的情感交融，产生更多的相互作用和影响，学生对学习表现出更大的兴趣和愉快、无紧张无畏惧感、有更多自由表达的机会等，教师的作风和行为对形成一定的课堂气氛具有重要的作用。"从定义可知，在课堂环境理论中，课堂环境主要是指教师或学生对所处课堂的心理感受（不包括物理环境），可以分为教师课堂环境、学生课堂环境，本书重点考察学生课堂环境。

在外语课堂环境研究方面，孙云梅的研究结果有较大影响力与适用性，她研制开发的《中国大学英语课堂环境评估量表》（孙云梅 2009：282－291），有较强的信度与效度。目前本学科关于国际中文课堂环境较为有限的实证研究，皆以此量表为研究依据（李化羽 2013；朱颖 2014）。本章拟以此量表为依据，结合美国语言教师效能课堂观察量表（丁安琪 2014）中对"双人与小组活动"的 7 个观测维度，以及国际中文课堂合作学习的特点做出适当调整，尝试创制《国际中文课堂合作学习环境量表》，以该量表为基础开展实证研究，考察在课堂合作学习中学习者的具体心理感受，及其对合作学习的影响。

第一节 《国际中文课堂合作学习环境量表》的创制

一 创制依据

《国际中文课堂合作学习环境评估量表》以《中国大学英语课堂环境评估量表》（孙云梅 2009）为基础，《中国大学英语课堂环境评估量表》是目前国内外语教学研究中运用最广泛的课堂环境调查问卷。该量表在综合借鉴了国外多个相关量表的基础上编制，经检验具有较高的信度和效度。本书在此评估量表的基础上，结合国际中文课堂环境的实际情况进行相应的完善修改。

根据笔者的课堂观察、对任课教师和留学生的访谈，结合国际中文课堂合作学习的特点，并借鉴美国语言教师效能课堂观察量表（丁安琪 2014）中对"双人与小组活动"的 7 个观测维度，对于《中国大学英语课堂环境评估量表》的 9 个因子：教师的领导、教师的支持、教师的创新、同学间亲和关系、任务取向、同学间的合作、课堂参与、平等性、学生的责任，我们进行了适当整合。将"教师的创新"整合入"教师的领导"，更加突出学生对于教师在合作学习中整体引导作用的心理感受；将"课堂参与"整合入"学生间的合作"，突出在合作学习中学生的参与。因此，《国际中文课堂合作学习环境量表》共包含 7 大因子：同学间的亲和关系、教师的支持、同学间的合作、任务取向、平等性、学生的责任、教师的领导。

在孙云梅开发的量表中存在一些重复的题目，如"同学间的合作"因子中，"我与其他同学一起完成老师布置的任务"与"同学们和我一起努力完成老师布置的任务"重复（孙云梅 2009：282 – 291）。在问卷修改时，我们将这两个重复的题目整合为"我和同学们合作完成分组活动"一项。结合合作学习的要素与特点，量表中增加了一些新题目，例如在"平等性"因子中加入学生分组人数、学生国别的题目；在"教师的领导"因子中加入教师限制分组时间、教师要求学生展示活动内容等题目。

考虑到留学生的汉语水平，我们的调查问题尽量选取简单易懂的词汇与句式表达，使学生相对更容易看懂。经过修改及增删、调整，形成一份包含 7 大因子、共 41 道题目的《国际中文课堂合作学习环境量表》。

问卷中每个因子中的题目都使用"从不这样""很少这样""有时这样""经常这样""总是这样"的李克特五度量表来评估，在对应表格中分别用"1""2""3""4""5"标注。学生根据自己对国际中文课堂合作学习环境的真实心理感知，选择符合自己心理感受的数字即可。

二 内容与结构

附录7为《国际中文课堂合作学习环境量表》。第一部分为学生个人基本情况调查，包括性别、国籍、年龄、汉语学习年限、在中国学习汉语的时间、HSK成绩等。问卷第二部分为量表的主体内容，内容包括7大因子、41道题目。7大因子及内容如下。

（1）"同学间的亲和关系"，主要指学生之间相互了解与熟悉的程度，长期相处而产生的积极情感或友谊较为长久且稳固。例如"我和同学相互熟悉""分组活动时，同学帮助我"等。

（2）"教师的支持"，侧重考察教师对合作学习中学习者个人的关注与鼓励、学习者的内心感受。例如"老师的解答可以帮助我理解""老师会在意我的感受"等。

（3）"同学间的合作"，主要考察在分组活动中学生对于和同学之间合作关系的心理感受。例如"我向同学解释我的想法""同学接受或同意我的想法"等。

（4）"任务取向"，主要考察学生对合作学习具体内容的心理感受、对完成活动的重视程度。例如"我和同学能够实现分组活动的目标""分组活动对我的汉语学习有帮助"等。

（5）"平等性"，主要考察学生合作学习时，是否感到自己得到平等对待的心理感受。例如"老师重视所有人提的问题""老师帮助我和帮助其他同学一样多"等。

（6）"学生的责任"，指学生在分组活动中对自己与同学学习的负责程度。例如"我纠正同学的语言错误""我鼓励同学参加小组活动、讨论"等。

（7）"教师的领导"，侧重考察教师对合作学习全过程的安排与协调、学习者的内心感受。如"老师给我们安排很多分组活动""老师限制分组活动的时间"等。以上是对本问卷内容较为详尽的解释，表 5.1 是对量表结构的直观呈现。

表 5.1　国际中文课堂合作学习环境量表结构

因子	题目数量	题号
同学间的亲和关系	5	A1 – A5
教师的支持	6	B1 – B6
同学间的合作	6	C1 – C6
任务取向	5	D1 – D5
平等性	8	E1 – E8
学生的责任	6	F1 – F6
教师的领导	5	G1 – G5

三　信度与效度检验

《国际中文课堂合作学习环境量表》（以下简称"量表"）的第一稿，共包括 9 大因子 48 个题目，笔者征求了两名本专业教师的看法，一名是专家型教师，另一名是熟手教师，均有设计问卷的经验。他们对问卷的文字表述、内容结构等提出了很多宝贵的专业建议。在此基础上，笔者对问卷进行了第一次较大修改，删除了一些因子中的重复题目，将 9 大因子整合为 7 大因子；结合合作学习的要素与特点，增加了一些新题目；在部分具体问题的表述与排版上做出适当改动，提高问卷的可理解性。

第一次修改后，笔者将量表发放给 5 名来自不同国家的留学生，他们分别来自笔者选取为研究对象的 5 个不同的中高级国际中文课堂。学生完成问卷后，笔者询问其对指导语、问卷结构、编排方式以及问卷长度等的感受与建议，在交流后对量表进行第二次修改，对一些表述过于复杂的选项再次进行修改或删减，以减少阅读负荷与理解难度，目前将总题目数量修改为 41 个。在此之后，笔者与一名专业方向相同的博士留学生就量表的文字表述与理解难度进一步切磋交流，完成第三次最终修改。通过上述三次修改完成对量表内容效度的把控。

接下来为了检验量表的信度是否可靠，我们开展了小样本预测：在笔者选取为研究对象的中高级国际中文课堂中，发放调查问卷共计 38 份；并了解参加小样本预测的留学生对指导语、问卷结构、编排方式以及问卷长度等的感受。我们运用统计分析工具 SPSS21.0、在线 SPSS 平台"SPSSAU"开展数据分析，对 38 份问卷预调查信度分析如下（见表 5.2）。

表 5.2　量表的信度分析

题目名称	校正项总计相关性（CITC）	项已删除的 α 系数	α 系数
A1. 我和同学相互熟悉。	0.583	0.951	
A2. 我和同学能建立友谊。	0.65	0.951	
A3. 分组活动时，同学帮助我。	0.459	0.952	
A4. 分组活动时，我帮助同学。	0.599	0.951	
A5. 同学们都喜欢我。	0.671	0.951	
B1. 老师关心我。	0.658	0.95	
B2. 我有问题时，老师会停下来帮助我。	0.625	0.951	
B3. 老师的解答可以帮助我理解。	0.765	0.95	0.952
B4. 老师会在意我的感受。	0.703	0.95	
B5. 老师会和我聊天。	0.682	0.95	
B6. 老师会主动纠正我的汉语错误。	0.598	0.951	
C1. 同学和我讨论怎么完成任务。	0.612	0.951	
C2. 我发表我的想法。	0.63	0.951	
C3. 我向同学解释我的想法。	0.677	0.95	

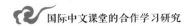

续表

题目名称	校正项总计相关性（CITC）	项已删除的α系数	α系数
C4. 同学接受或同意我的想法。	0.756	0.95	
C5. 我和同学合作完成分组活动。	0.576	0.951	
C6. 我会向老师提问。	0.668	0.95	
D1. 我和同学清楚分组活动的目标。	0.566	0.951	
D2. 我和同学努力完成分组活动的任务。	0.609	0.951	
D3. 我和同学能够实现分组活动的目标。	0.635	0.951	
D4. 分组活动有意思，引起我学汉语的兴趣。	0.598	0.951	
D5. 分组活动对我的汉语学习有帮助。	0.633	0.951	
E1. 老师重视所有人提的问题。	0.755	0.95	
E2. 老师帮助我和帮助其他同学一样多。	0.726	0.95	
E3. 老师鼓励我和鼓励其他同学一样多。	0.71	0.95	
E4. 小组里我发言的机会和其他同学一样多。	0.62	0.951	
E5. 小组里我发言的时间和其他同学一样长。	0.519	0.951	
E6. 我的小组同学总是不固定的。	0.481	0.952	0.952
E7. 我的小组同学来自不同国家。	0.471	0.952	
E8. 我的小组人数有点多。	0.141	0.954	
F1. 我纠正同学的语言错误。	0.563	0.951	
F2. 同学纠正我的语言错误。	0.174	0.954	
F3. 我能意识到自己的语言错误。	0.367	0.952	
F4. 我可以影响同学的想法。	0.443	0.952	
F5. 我鼓励同学参与小组活动、讨论。	0.347	0.953	
F6. 我和同学讨论与小组活动无关的内容。	0.165	0.954	
G1. 老师给我们安排很多分组活动。	0.518	0.951	
G2. 老师的分组活动说明清楚明白，容易理解。	0.681	0.95	
G3. 老师会检查我们是否明白了活动要求。	0.673	0.95	
G4. 老师限制分组活动的时间。	0.555	0.951	
G5. 老师要求我们展示活动内容。	0.588	0.951	

信度分析用于研究定量数据（尤其是态度量表题）的可靠准确性。首先分析"α系数"，如果此值高于0.8，说明信度高。其次分

析"CITC 值",如果"CITC 值"低于 0.3,可考虑将该项进行删除。再次,如果"项已删除的 α 系数"值明显高于 α 系数,可考虑将该项删除后重新分析。最后,对分析进行总结。

由表 5.2 可知,首先,"α 系数"值为 0.952,大于 0.8,这说明该量表数据信度质量较高。其次,分析"CITC 值",除 E8(0.141)、F2(0.174)、F6(0.165)三项外,其余分析项对应的"CITC 值"均高于 0.3,这说明各分析项之间具有良好的相关性,信度水平良好。再次,针对"项已删除的 α 系数","CITC 值"低于 0.3 的分析项 E8、F2、F6 被删除后,其对应的信度系数值并没有明显的提升,其余题目亦是如此,这说明题目可以考虑全部保留;并进一步说明该量表数据信度水平较高。综上所述,该量表数据信度系数值高于 0.9;删除"CITC 值"较低的少数题目后,信度系数值并不会明显提高;综合数据说明信度质量高。因此,该量表可以用于接下来的大规模调查研究。

量表除了进行内容效度检验之外,还应进行结构效度的检验。秦晓晴(2009:229)指出,结构效度的检验方法主要为因子分析。研究数据是否适合因子分析,主要取决于以下三个方面:相关矩阵、KMO 检测值、调查样本的数量。因子分析的调查样本量应在 150 人以上,而且人数至少是变量数的 4~5 倍。量表题目共有 41 个(即 41 个变量),因此,样本数量应在 160~200 个。笔者通过"问卷星"在线系统,回收来自北京大学、北京语言大学、北京外国语大学的问卷共计 208 份,在剔除无效问卷 8 份(量表满分为 205 分,这 8 份问卷总分皆为满分,且"问卷星"系统统计显示,问卷作答时间远低于作答所需平均时间)后,获取有效问卷共计 200 份,由此可见,调查样本量满足因子分析的要求。

表 5.3~表 5.8 的统计数据呈现调查样本的性别、国籍、年龄、学习汉语的时间、在中国学习汉语的时间、HSK 级别等基本信息的数据分布情况。如表 5.3 所示,本次调查样本中的男性为 85 人,女

性为 115 人，男女比例约为 1∶1.35，较为均衡。

表 5.3　调查样本的男女比例

选项	人数	比例
男	85	42.5%
女	115	57.5%
总计	200	100%

由表 5.4 可知，调查样本国籍分布广泛，共涉及 44 个国家，遍布世界主要大洲与地区。其中，亚洲地区的所有区域皆有分布，以东亚（90 人）与东南亚（47 人）地区为主。南美洲、非洲地区也有样本分布，虽然数量较少，但体现出在中国学习汉语的中高级水平留学生，其国别分布日趋多样性。

表 5.4　调查样本的国籍分布（括号内为该国样本数）

洲际分布	国家	样本数
东亚	韩国（40）、日本（31）、蒙古国（11）、朝鲜（8）	90
东南亚	泰国（28）、印度尼西亚（9）、马来西亚（4）、缅甸（3）、越南（2）、菲律宾（1）	47
南亚	孟加拉国（2）、印度（1）、尼泊尔（1）	4
中亚	哈萨克斯坦（3）、土库曼斯坦（3）、吉尔吉斯斯坦（1）、乌兹别克斯坦（1）	8
西亚	土耳其（2）、阿富汗（1）	3
西欧	意大利（3）、英国（2）、荷兰（2）、比利时（1）、德国（1）、法国（1）、西班牙（1）、葡萄牙（1）	12
东欧	俄罗斯（9）、乌克兰（2）、拉脱维亚（2）、波兰（1）、匈牙利（1）、罗马尼亚（1）、塞尔维亚（1）	17
非洲	埃及（2）、贝宁（1）、佛得角（1）	4
大洋洲	汤加（1）、新西兰（1）	2
北美洲	美国（7）、加拿大（2）、多米尼加（1）	10
南美洲	委内瑞拉（2）、厄瓜多尔（1）	3
合计	44 国	200 人

由表 5.5 可知，本次调查主要在 18～23 岁年龄段的留学生（85%）中开展，94.5% 的调查样本年龄在 30 岁以下。18～23 岁是高校本科生的主要年龄段，因此，调查样本在年龄方面具有较高的同质性。

表 5.5 调查样本的年龄分布

选项	人数	比例
18 岁以下	4	2%
18～23 岁以下	170	85%
24～29 岁	15	7.5%
30～39 岁	8	4%
40 岁以上	3	1.5%
总计	200	100%

通过表 5.6 与表 5.7 可以了解到调查样本的汉语学习时间。其中"在中国学习汉语的时间"一项（表 5.7）可以帮助我们了解到他们在国际中文课堂中学习的时长，从而进一步研究不同学习时长的留学生在课堂环境方面心理感受的差异性。

表 5.6 调查样本学习汉语的时间

选项	人数	比例
少于 1 年	21	10.5%
1～2 年	58	29%
2～3 年	37	18.5%
3 年以上	84	42%
总计	200	100%

表 5.7 调查样本在中国学习汉语的时间

选项	人数	比例
少于半年	23	11.5%

选项	人数	比例
半年至 1 年	59	29.5%
1 年至 1 年半	38	19%
1 年半至 2 年	36	18%
2 年以上	44	22%
总计	200	100%

由表 5.8 可以了解到调查样本的 HSK 级别。由于我们的研究对象为中高级水平的国际中文课堂，因此我们选取的调查样本，83% 在 HSK（新）4 级以上，符合国际中文水平达到中高级的要求。

表 5.8　调查样本的 HSK 级别统计

选项	人数	比例
HSK　6 级	114	57%
HSK　5 级	34	17%
HSK　4 级	18	9%
没参加过	34	17%
总计	200	100%

接下来我们对调查样本进行相关矩阵、KMO 检测值以及因子分析，以检验量表的结构效度。表 5.9 为量表的 KMO 测度和 Bartlett 球形度检验结果。如果 KMO 值高于 0.8，而且 Bartlett 检验对应 P 值小于 0.05，说明适合进行因子分析。本书中量表的 KMO 值为 0.9，高于 0.8，满足因子分析的前提要求；Bartlett 检验对应 P 值为 0，小于 0.05，这也说明研究数据适合进行因子分析。

表 5.9　**KMO 测度和 Bartlett 球形度检验**

KMO 值（样本合适性测量）		0.9
Bartlett 球形度检验	近似卡方	5072.32
	Df（自由度）	820
	P 值	0

接下来我们通过方差解释率的数据分析，考察因子提取情况。表5.10 对因子提取信息量情况进行分析。方差解释率数据显示：9 个因子特征根值均大于 1，旋转后的方差解释率分别为 11.768%、9.277%、9.035%、8.827%、7.064%、6.426%、6.381%、4.471%、4.104%，结合对应的旋转后累积方差解释率，我们初步提取出 9 个因子。因子数量的最终确定，还要结合碎石图、因子与量表中各个题目的具体对应关系，综合权衡后判定。

表 5.10　**方差解释率**

因子编号	特征根			旋转前方差解释率			旋转后方差解释率		
	特征根	方差解释率（%）	累积（%）	特征根	方差解释率（%）	累积（%）	特征根	方差解释率（%）	累积（%）
1	14.603	35.616	35.616	14.603	35.616	35.616	4.825	11.768	11.768
2	3.043	7.423	43.039	3.043	7.423	43.039	3.803	9.277	21.045
3	1.887	4.602	47.642	1.887	4.602	47.642	3.704	9.035	30.08
4	1.689	4.119	51.76	1.689	4.119	51.76	3.619	8.827	38.907
5	1.51	3.684	55.444	1.51	3.684	55.444	2.896	7.064	45.971
6	1.444	3.523	58.967	1.444	3.523	58.967	2.635	6.426	52.397
7	1.273	3.105	62.072	1.273	3.105	62.072	2.616	6.381	58.778
8	1.131	2.759	64.831	1.131	2.759	64.831	1.833	4.471	63.249
9	1.034	2.521	67.353	1.034	2.521	67.353	1.682	4.104	67.353

碎石图用于辅助判断因子提取个数，当折线由陡峭突然变得平稳时，陡峭到平稳对应的因子个数即为参考提取因子个数。由图5.1 可知，折线从数字"7"开始由陡峭突然变得平稳，至数字

"9"时日趋平稳，由碎石图可知，7～9个因子是该量表中较为适宜的因子个数。

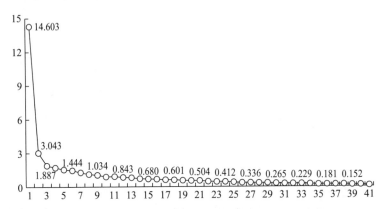

图 5.1　因子碎石图

上文我们通过表 5.10 与图 5.1 初步确定了量表中的因子个数在 7～9 个之间。接下来，我们运用最大方差旋转方法（varimax）找出因子和量表中各个题目的对应关系，用以最终确定量表中的因子个数，考察量表的结构效度。表 5.11 的旋转后因子载荷系数显示，41 个题目对应的共同度值均高于 0.4，这意味着所有题目与因子之间都有着较强的关联性，因此所有题目都应保留，而且因子可以从中有效提取出信息。

表 5.11 显示，A1～A5 被归入因子 3，与因子"分组活动中同学间的亲和关系"完全吻合；B1～B6 被归入因子 2，与因子"教师的支持"完全吻合；C1～C6 被归入因子 4，与因子"同学间的合作"完全吻合；D1～D5 被归入因子 6，与因子"任务取向"完全吻合；G1～G5 被归入因子 5，与因子"教师的领导"完全吻合。由此可知，量表中的 5 个因子与因子分析的结果完全一致。

与因子分析的结果相比较，量表中的其余两个因子中，E1～E5 被归入因子 1，与因子"平等性"吻合；F1～F5 被归入因子 7，与因子"学生的责任"吻合。

因子 8 只有 1 项（E6），因子 9 只有 2 项（E8、F6），由于这两个因子中题目过少，结合量表内容，可以考虑剔除，因此量表中可以保留 7 个因子。而且 7 个因子中所包含的题目内容与我们的最初设计基本相符。由此可知，量表的结构效度得以确定，并且量表对于 7 个因子的分类得到了因子分析数据统计的验证与支持，是基本合理的。

表 5.11　旋转后因子载荷系数

题目名称	因子载荷系数									共同度
	因子1	因子2	因子3	因子4	因子5	因子6	因子7	因子8	因子9	
A1. 我和同学相互熟悉。	0.214	0.237	**0.699**	0.119	0.093	0.056	0.073	-0.014	-0.021	0.622
A2. 我和同学能建立友谊。	0.111	0.207	**0.666**	0.279	0.158	0.193	0.119	0.181	0.012	0.685
A3. 分组活动时，同学帮助我。	0.305	0.161	**0.723**	0.023	0.111	0.105	0.07	0.017	0.104	0.682
A4. 分组活动时，我帮助同学。	0.158	0.129	**0.65**	0.259	0.161	0.166	0.109	0.063	-0.023	0.601
A5. 同学们都喜欢我。	-0.131	0.205	**0.615**	0.408	0.074	0.035	0.114	0.105	0.121	0.649
B1. 老师关心我。	0.057	**0.679**	0.29	0.065	0.196	0.282	0.109	0.049	0.015	0.686
B2. 我有问题时，老师会停下来帮我。	0.436	**0.515**	0.178	0.065	0.195	0.269	0.043	-0.317	-0.072	0.709
B3. 老师的解答可以帮助我理解。	0.478	**0.625**	0.246	0.059	0.234	0.095	0.053	-0.016	-0.026	0.751
B4. 老师会在意我的感受。	0.313	**0.697**	0.342	0.156	0.111	0.076	0.016	0.027	0.057	0.747
B5. 老师会和我聊天。	0.198	**0.736**	0.133	0.318	0.134	0.029	-0.023	0.128	0.024	0.736
B6. 老师会主动纠正我的汉语错误。	0.269	**0.693**	0.123	0.225	0.106	0.012	0.046	0.297	-0.074	0.725
C1. 同学和我讨论怎样完成任务。	0.488	0.174	0.35	**0.414**	0.009	0.24	0.084	0.075	-0.164	0.659

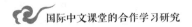

续表

题目名称	因子载荷系数									共同度
	因子1	因子2	因子3	因子4	因子5	因子6	因子7	因子8	因子9	
C2. 我发表我的想法。	0.126	0.178	0.168	**0.761**	0.2	0.208	0.06	0.026	−0.092	0.751
C3. 我向同学解释我的想法。	0.19	0.165	0.226	**0.765**	0.092	0.092	0.127	0.103	−0.028	0.744
C4. 同学接受或同意我的想法。	0.127	0.113	0.352	**0.658**	0.164	0.066	0.193	0.099	0.125	0.68
C5. 我和同学合作完成分组活动。	0.424	0.139	0.447	**0.453**	0.056	0.206	−0.043	0.046	−0.073	0.659
C6. 我会向老师提问。	0.245	0.366	0.126	**0.519**	0.005	0.245	0.171	0.047	0.081	0.578
D1. 我和同学清楚分组活动的目标。	0.513	0.074	0.203	0.225	0.233	**0.409**	0.225	−0.02	−0.268	0.705
D2. 我和同学努力完成分组活动的任务。	0.402	0.139	0.191	0.182	0.312	**0.432**	0.094	0.355	−0.138	0.688
D3. 我和同学能够实现分组活动的目标。	0.378	0.172	0.262	0.213	0.344	**0.399**	0.094	0.313	−0.148	0.694
D4. 分组活动有意思，引起我学汉语的兴趣。	0.063	0.147	0.154	0.167	0.134	**0.821**	0.09	0.011	0.123	0.792
D5. 分组活动对我的汉语学习有帮助。	0.151	0.123	0.18	0.184	0.053	**0.788**	0.115	0.213	0.114	0.801
E1. 老师重视所有人提的问题。	**0.551**	0.395	0.143	0.212	0.153	0.126	0.02	0.296	−0.01	0.652
E2. 老师帮助我和帮助其他同学一样多。	**0.79**	0.287	0.167	0.09	0.151	0.047	0.057	0.178	0.043	0.804
E3. 老师鼓励我和鼓励其他同学一样多。	**0.822**	0.222	0.097	0.161	0.149	0.048	0.072	0.1	0.027	0.801
E4. 小组里我发言的机会和其他同学一样多。	**0.467**	0.253	0.133	0.261	0.357	0.072	−0.159	0.354	0.049	0.653

题目名称	因子载荷系数									共同度
	因子1	因子2	因子3	因子4	因子5	因子6	因子7	因子8	因子9	
E5. 小组里我发言的时间和其他同学一样长。	**0.456**	0.157	0.068	0.284	0.32	-0.074	-0.013	0.396	0.111	0.595
E6. 我的小组同学总是不固定的。	0.166	0.131	0.092	0.044	0.084	0.211	0.172	**0.64**	0.122	0.561
E7. 我的小组同学来自不同国家。	0.277	0.042	0.031	0.195	**0.515**	0.029	0.03	0.377	-0.119	0.541
E8. 我的小组人数有点多。	-0.076	-0.089	0.06	-0.14	-0.185	0.205	0.094	0.16	**0.743**	0.7
F1. 我纠正同学的语言错误。	-0.036	0.119	0.1	0.037	-0.13	0.042	**0.708**	0.178	0.281	0.657
F2. 同学纠正我的语言错误。	0.082	-0.032	0.175	-0.016	-0.03	0.099	**0.711**	0.08	0.113	0.574
F3. 我能意识到自己的语言错误。	-0.055	0.107	0.157	0.178	0.193	0.144	**0.628**	0.306	-0.175	0.648
F4. 我可以影响同学的想法。	0.196	-0.041	-0.034	0.131	0.058	-0.032	**0.69**	-0.209	0.028	0.584
F5. 我鼓励同学参与小组活动、讨论。	-0.009	0.139	-0.004	0.379	0.214	0.348	**0.513**	-0.073	0.224	0.649
F6. 我和同学讨论与小组活动无关的内容。	0.019	0.065	0.022	0.156	0.167	-0.039	0.307	-0.078	**0.738**	0.704
G1. 老师给我们安排很多分组活动。	0.212	0.061	0.142	0.296	**0.318**	0.076	-0.053	0.285	0.295	0.435
G2. 老师的活动说明清楚明白，容易理解。	0.558	0.277	0.258	0.107	**0.451**	0.138	0.143	-0.071	-0.034	0.715
G3. 老师会检查我们是否明白了活动要求。	0.49	0.159	0.287	-0.032	**0.511**	0.137	0.176	-0.019	0.028	0.661
G4. 老师限制分组活动的时间。	0.103	0.196	0.188	0.074	**0.675**	0.203	0.004	0.02	0.136	0.606
G5. 老师要求我们展示活动内容。	0.254	0.224	0.118	0.211	**0.73**	0.045	0.015	0.11	-0.11	0.732

综上所述，量表具有较高的信度、内容效度与结构效度。因子分析检验了我们对于学生课堂心理环境 7 个因素的分类与界定，证明我们可以从这 7 个方面全面分析课堂环境对于合作学习的影响与作用。

第二节　课堂环境的感知差异分析

SPSS 数据统计分析显示，分组活动中不同性别、国籍的学习者，以及在中国时长不同的学习者，在课堂环境的某些方面存在感知差异。通过课堂观察与师生访谈，我们发现这些感知差异对合作学习产生一定程度的影响。我们将结合数据统计分析的结果，考察上述感知差异是如何作用于合作学习的。

一　性别的感知差异

首先考察不同性别的学习者在课堂环境方面的感知差异。由于比较的调查样本分为男、女两组，我们运用独立样本 t 检验的方法来判断性别感知差异。若小于 0.01 则必定小于 0.05，则说明不同性别对该题目存在明显的感知差异。独立样本 t 检验的结果显示（见表 5.12），41 个题目中，33 个题目不存在显著性感知差异；8 个题目的 p 值小于 0.05 或 p 值小于 0.01，呈现性别上的显著性感知差异。这 8 个题目分别为 A2（我和同学能建立友谊）、A3（分组活动时，同学帮助我）；C5（我和同学合作完成分组活动）；D2（我和同学努力完成分组活动的任务）、D3（我和同学能够实现分组活动的目标）；E1（老师重视所有人提的问题）、E2（老师帮助我和帮助其他同学一样多）；G3（老师会检查我们是否明白了活动要求）。

表 5.12 性别对课堂环境感知差异的独立样本 t 检验

题目名称	性别 （平均值 ± 标准差）		t	p
	男（N = 85）	女（N = 115）		
A1. 我和同学相互熟悉。	3.82 ± 0.85	4.03 ± 0.91	−1.6	0.11
A2. 我和同学能建立友谊。	**3.95 ± 0.84**	**4.20 ± 0.80**	**−2.11**	**0.04** *
A3. 分组活动时，同学帮助我。	**3.85 ± 0.92**	**4.12 ± 0.85**	**−2.18**	**0.03** *
A4. 分组活动时，我帮助同学。	3.98 ± 0.84	4.13 ± 0.82	−1.29	0.2
A5. 同学们都喜欢我。	3.80 ± 0.88	3.83 ± 0.82	−0.22	0.83
B1. 老师关心我。	4.05 ± 0.83	4.26 ± 0.76	−1.89	0.06
B2. 我有问题时，老师会停下来帮助我。	3.82 ± 0.90	4.13 ± 0.86	−1.64	0.15
B3. 老师的解答可以帮助我理解。	4.21 ± 0.85	4.35 ± 0.80	−1.16	0.25
B4. 老师会在意我的感受。	3.93 ± 0.94	4.11 ± 0.88	−1.42	0.16
B5. 老师会和我聊天。	3.89 ± 0.96	4.10 ± 0.84	−1.58	0.12
B6. 老师会主动纠正我的汉语错误。	4.04 ± 0.93	4.27 ± 0.82	−1.88	0.06
C1. 同学和我讨论怎样完成任务。	3.95 ± 0.79	4.01 ± 0.79	−0.49	0.62
C2. 我发表我的想法。	3.93 ± 0.81	3.97 ± 0.79	−0.39	0.7
C3. 我向同学解释我的想法。	3.94 ± 0.75	3.97 ± 0.80	−0.22	0.83
C4. 同学接受或同意我的想法。	3.79 ± 0.71	3.95 ± 0.70	−1.59	0.11
C5. 我和同学合作完成分组活动。	**3.99 ± 0.76**	**4.21 ± 0.71**	**−2.11**	**0.04** *
C6. 我会向老师提问。	4.02 ± 0.86	3.98 ± 0.94	0.32	0.75
D1. 我和同学清楚分组活动的目标。	3.89 ± 0.77	4.09 ± 0.88	−1.61	0.11
D2. 我和同学努力完成分组活动的任务。	**4.02 ± 0.77**	**4.25 ± 0.74**	**−2.13**	**0.03** *
D3. 我和同学能够实现分组活动的目标。	**3.87 ± 0.74**	**4.19 ± 0.77**	**−2.98**	**0.01** **
D4. 分组活动有意思，引起我学汉语的兴趣。	3.72 ± 0.92	3.88 ± 0.97	−1.19	0.24
D5. 分组活动对我的汉语学习有帮助。	3.80 ± 0.94	4.04 ± 0.88	−1.88	0.06
E1. 老师重视所有人提的问题。	**4.07 ± 0.84**	**4.30 ± 0.81**	**−1.99**	**0.05** *
E2. 老师帮助我和帮助其他同学一样多。	**3.96 ± 0.89**	**4.24 ± 0.83**	**−2.27**	**0.02** *
E3. 老师鼓励我和鼓励其他同学一样多。	3.98 ± 0.86	4.19 ± 0.87	−1.74	0.08
E4. 小组里我发言的机会和其他同学一样多。	4.05 ± 0.87	4.23 ± 0.82	−1.49	0.14

续表

题目名称	性别 （平均值 ± 标准差）		t	p
	男（N = 85）	女（N = 115）		
E5. 小组里我发言的时间和其他同学一样长。	3.94 ± 0.94	4.05 ± 0.90	− 0.85	0.4
E6. 我的小组同学总是不固定的。	3.60 ± 0.92	3.75 ± 0.97	− 1.09	0.28
E7. 我的小组同学来自不同国家。	4.07 ± 1.03	4.18 ± 0.81	− 0.83	0.41
E8. 我的小组人数有点多。	2.95 ± 1.09	2.89 ± 1.17	0.41	0.69
F1. 我纠正同学的语言错误。	3.07 ± 0.95	3.07 ± 1.00	0.01	0.99
F2. 同学纠正我的语言错误。	3.18 ± 1.05	3.10 ± 0.92	0.52	0.61
F3. 我能意识到自己的语言错误。	3.61 ± 0.93	3.75 ± 0.89	− 1.05	0.29
F4. 我可以影响同学的想法。	3.40 ± 0.90	3.36 ± 0.88	0.34	0.73
F5. 我鼓励同学参与小组活动、讨论。	3.69 ± 0.99	3.63 ± 0.90	0.44	0.66
F6. 我和同学讨论与小组活动无关的内容。	3.19 ± 1.06	3.25 ± 0.99	− 0.44	0.66
G1. 老师给我们安排很多分组活动。	3.64 ± 0.88	3.85 ± 0.85	− 1.75	0.08
G2. 老师的活动说明清楚明白，容易理解。	3.81 ± 0.87	3.94 ± 0.89	− 1.01	0.31
G3. 老师会检查我们是否明白了活动要求。	**3.75 ± 0.92**	**4.03 ± 0.87**	**− 2.13**	**0.03** *
G4. 老师限制分组活动的时间。	3.75 ± 0.94	3.90 ± 0.91	− 1.08	0.28
G5. 老师要求我们展示活动内容。	4.08 ± 0.85	4.23 ± 0.78	− 1.24	0.22

注： * p < 0.05， ** p < 0.01。

在呈现显著性差异的 8 个题目中，女生的均值皆超过男生，这说明，女生在这些方面对国际中文课堂环境的感知比男生更满意一些，对国际中文课堂持有更加积极、肯定的态度；女生在国际中文课堂上与同学之间的关系更融洽，更倾向于与同学合作完成汉语学习活动。这在一定程度上不排除调查样本中的女生数量更多以及任课教师多为女教师的原因。女教师在课堂上设计的口语活动和讨论话题大多为女性喜欢的话题，可能女生更感兴趣，进而更愿意主动参与。由此可见，教师在设计话题练习或者活动任务时，应当充分考虑性别差异带来的不同兴趣点，以及男生女生普遍感兴趣的话题，合理安排与组织，调动全体学生参与合作学习的兴趣与积极性。

二 国别的感知差异

学生的国籍对于合作学习同样有一定程度的影响。在对教师的访谈中，大部分教师认为，如果班级里有不同国籍的留学生，应尽量将不同国籍的学生分在一组。学生在接受访谈时也表示，希望和不同国籍的同学分在一组，这样可以在客观上避免自己说母语，从而有更多机会练习汉语（学生 S2、S8、S13）；另外，多名同学也希望通过分组活动，有更多机会与其他国家的同学接触，了解不同国家的文化与同龄人的看法。

我们的 200 个调查样本来自 44 个不同的国家，多数留学生来自东亚、东南亚国家（见表 5.4）。为了便于考察不同国籍的学习者在课堂环境方面的感知差异。我们借鉴江新（2008）对于汉字圈留学生与非汉字圈留学生的界定，将调查样本分为汉字圈留学生与非汉字圈留学生两组（见表 5.13）。由于比较的调查样本分为两组，我们依然运用独立样本 t 检验的方法来判断感知差异。

表 5.13　样本国籍及所属区域圈

区域圈	国籍（国籍后的数字，为该国调查样本数）	样本数	百分比
汉字圈	韩国 40、日本 31、朝鲜 8、越南 2、泰国 28、印度尼西亚 9、马来西亚 4、缅甸 3、菲律宾 1	126	68%
非汉字圈	蒙古国 11、孟加拉国 2、印度 1、尼泊尔 1、哈萨克斯坦 3、土库曼斯坦 3、吉尔吉斯斯坦 1、乌兹别克斯坦 1、土耳其 2、阿富汗 1、意大利 3、英国 2、荷兰 2、比利时 1、德国 1、法国 1、西班牙 1、葡萄牙 1、俄罗斯 9、乌克兰 2、拉脱维亚 2、波兰 1、匈牙利 1、罗马尼亚 1、塞尔维亚 1、埃及 2、贝宁 1、佛得角 1、汤加 1、新西兰 1、美国 7、加拿大 2、多米尼加 1、委内瑞拉 2、厄瓜多尔 1	74	32%

独立样本 t 检验的结果显示（见表 5.14），41 个题目中，31 个题目不存在显著性感知差异；10 个题目的 p 值小于 0.05 或 p 值小

于 0.01，呈现国籍组别上的显著性感知差异。这 10 个题目分别为
A4（分组活动时，我帮助同学）；B2（我有问题时，老师会停下
来帮助我）、B5（老师会和我聊天）；C2（我发表我的想法）、C3
（我向同学解释我的想法）、C5（我和同学合作完成分组活动）；E4
（小组里我发言的机会和其他同学一样多）、E7（我的小组同学来自
不同国家）；F4（我可以影响同学的想法）；G5（老师要求我们展示
活动内容）。

表 5.14　不同国籍对课堂环境感知差异的独立样本 t 检验

题目名称	国籍：（平均值 ± 标准差）		t	p
	汉字圈 1.0（N = 126）	非汉字圈 2.0（N = 74）		
A1. 我和同学相互熟悉。	3.86 ± 0.92	4.08 ± 0.82	− 1.73	0.09
A2. 我和同学能建立友谊。	4.03 ± 0.88	4.20 ± 0.72	− 1.42	0.16
A3. 分组活动时，同学帮助我。	3.95 ± 0.88	4.09 ± 0.89	− 1.09	0.28
A4. 分组活动时，我帮助同学。	**3.93 ± 0.83**	**4.30 ± 0.79**	**− 3.09**	**0.00 ****
A5. 同学们都喜欢我。	3.75 ± 0.80	3.92 ± 0.92	− 1.34	0.18
B1. 老师关心我。	4.14 ± 0.77	4.22 ± 0.85	− 0.63	0.53
B2. 我有问题时，老师会停下来帮助我。	**4.07 ± 0.94**	**4.51 ± 0.73**	**− 3.48**	**0.00 ****
B3. 老师的解答可以帮助我理解。	4.25 ± 0.77	4.35 ± 0.90	− 0.81	0.42
B4. 老师会在意我的感受。	3.98 ± 0.85	4.14 ± 0.98	− 1.2	0.23
B5. 老师会和我聊天。	**3.90 ± 0.86**	**4.19 ± 0.93**	**− 2.19**	**0.03 ***
B6. 老师会主动纠正我的汉语错误。	4.12 ± 0.87	4.26 ± 0.88	− 1.08	0.28
C1. 同学和我讨论怎样完成任务。	3.96 ± 0.79	4.03 ± 0.78	− 0.58	0.56
C2. 我发表我的想法。	**3.86 ± 0.79**	**4.12 ± 0.79**	**− 2.29**	**0.02 ***
C3. 我向同学解释我的想法。	**3.84 ± 0.78**	**4.15 ± 0.73**	**− 2.74**	**0.01 ****
C4. 同学接受或同意我的想法。	3.84 ± 0.67	3.95 ± 0.76	− 1.01	0.31
C5. 我和同学合作完成分组活动。	**4.00 ± 0.76**	**4.31 ± 0.66**	**− 2.93**	**0.00 ****
C6. 我会向老师提问。	3.90 ± 0.88	4.16 ± 0.92	− 1.96	0.05
D1. 我和同学清楚分组活动的目标。	3.94 ± 0.86	4.11 ± 0.80	− 1.33	0.18

题目名称	国籍： （平均值 ± 标准差）		t	p
	汉字圈 1.0 （N = 126）	非汉字圈 2.0 （N = 74）		
D2. 我和同学努力完成分组活动的任务。	4.13 ± 0.76	4.20 ± 0.76	− 0.68	0.5
D3. 我和同学能够实现分组活动的目标。	**4.01 ± 0.77**	**4.14 ± 0.76**	**− 1.13**	**0.26**
D4. 分组活动有意思，引起我学汉语的兴趣。	3.80 ± 0.92	3.82 ± 1.00	− 0.16	0.87
D5. 分组活动对我的汉语学习有帮助。	3.92 ± 0.90	3.97 ± 0.94	− 0.39	0.7
E1. 老师重视所有人提的问题。	4.13 ± 0.81	4.32 ± 0.85	− 1.57	0.12
E2. 老师帮助我和帮助其他同学一样多。	4.11 ± 0.84	4.15 ± 0.92	− 0.29	0.77
E3. 老师鼓励我和鼓励其他同学一样多。	4.02 ± 0.84	4.23 ± 0.90	− 1.63	0.11
E4. 小组里我发言的机会和其他同学一样多。	**4.05 ± 0.84**	**4.32 ± 0.83**	**− 2.26**	**0.02 ***
E5. 小组里我发言的时间和其他同学一样长。	3.93 ± 0.91	4.14 ± 0.91	− 1.54	0.12
E6. 我的小组同学总是不固定的。	3.75 ± 0.92	3.57 ± 0.99	1.34	0.18
E7. 我的小组同学来自不同国家。	**4.01 ± 0.94**	**4.35 ± 0.82**	**− 2.61**	**0.01 ****
E8. 我的小组人数有点多。	2.99 ± 1.05	2.78 ± 1.26	1.2	0.23
F1. 我纠正同学的语言错误。	3.08 ± 0.93	3.05 ± 1.06	0.18	0.86
F2. 同学纠正我的语言错误。	3.16 ± 0.95	3.09 ± 1.02	0.45	0.65
F3. 我能意识到自己的语言错误。	3.60 ± 0.83	3.85 ± 1.00	− 1.95	0.05
F4. 我可以影响同学的想法。	**3.27 ± 0.86**	**3.55 ± 0.91**	**− 2.21**	**0.03 ***
F5. 我鼓励同学参与小组活动、讨论。	3.59 ± 0.87	3.78 ± 1.04	− 1.43	0.15
F6. 我和同学讨论与小组活动无关的内容。	3.21 ± 0.99	3.26 ± 1.07	− 0.34	0.74
G1. 老师给我们安排很多分组活动。	3.76 ± 0.87	3.76 ± 0.87	0.04	0.97
G2. 老师的活动说明清楚明白，容易理解。	3.85 ± 0.90	3.95 ± 0.86	− 0.75	0.45
G3. 老师会检查我们是否明白了活动要求。	3.84 ± 0.92	4.03 ± 0.86	− 1.41	0.16
G4. 老师限制分组活动的时间。	3.79 ± 0.87	3.91 ± 1.01	− 0.83	0.41
G5. 老师要求我们展示活动内容。	**4.06 ± 0.82**	**4.35 ± 0.77**	**− 2.52**	**0.01 ***

注：* p < 0.05，** p < 0.01。

在呈现显著性差异的 10 个题目中，非汉字圈调查样本的均值普遍高于汉字圈。在同学间的合作方面（C2、C3、C5），数据显示非汉字圈国家的留学生态度更加主动、积极，更愿意与同学合作完成学习，这可能推动其愿意主动维持与同学间的亲和关系（A4）。而这种对合作学习更为主动、积极、肯定的态度，有助于非汉字圈的留学生对自身在合作学习享受平等性方面产生更加正面与满意的感受（E4、E7），更为积极地寻求教师的支持（B2、B5），并更主动地承担起分组活动中的责任（F4）。对于 G5 一项（老师要求我们展示活动内容），留学生在访谈中都肯定了教师在分组活动后要求学生展示任务内容的必要性，认为这种活动后现场评估的方式可以促使其更加认真地准备与对待分组活动。但有的同学也对此提出建议与意见，认为展示时间不够充分，不能让每一组都得到展示的机会（学生 S12）；认为教师对于每组展示时间应有明确限制，保证给每组学生公平展示的时间与机会（学生 S10）。

三　在中国学习时长的感知差异

留学生在中国的学习时间不同，对分组合作学习亦会产生一定程度的感知差异。由于比较的调查样本分为 5 组，我们运用单因素方差分析的方法来判断感知差异。单因素方差分析的结果显示（见表5.15），41 个题目中，38 个题目不存在显著性感知差异；3 个题目的 p 值小于 0.05，呈现在中国学习汉语时长方面的显著性感知差异。这 3 个题目分别为 A1（我和同学相互熟悉）、A2（我和同学能建立友谊）、E7（我的小组同学来自不同国家）。

表 5.15　不同的学习时长对课堂环境感知差异的单因素方差分析

题目名称	5. 您在中国学习汉语的时间（平均值 ± 标准差）					F	p
	少于半年（N = 23）	半年至 1 年（N = 59）	1 年至 1 年半（N = 38）	1 年半至 2 年（N = 36）	2 年以上（N = 44）		
A1. 我和同学相互熟悉。	3.65 ± 0.98	3.95 ± 0.84	3.66 ± 0.78	4.14 ± 0.87	4.16 ± 0.94	2.77	0.03 *

题目名称	5. 您在中国学习汉语的时间（平均值±标准差）					F	p
	少于半年 （N = 23）	半年至1年 （N = 59）	1年至1年 半（N = 38）	1年半至2 年（N = 36）	2年以上 （N = 44）		
A2. 我和同学能建立友谊。	**3.61±1.08**	**4.19±0.73**	**4.00±0.74**	**4.22±0.68**	**4.20±0.90**	**2.82**	**0.03** *
A3. 分组活动时，同学帮助我。	3.91±0.90	4.02±0.80	4.03±0.91	4.00±0.89	4.02±1.00	0.07	0.99
A4. 分组活动时，我帮助同学。	3.78±0.85	3.98±0.84	4.26±0.72	4.19±0.75	4.05±0.94	1.58	0.18
A5. 同学们都喜欢我。	3.39±0.78	3.80±0.85	3.79±0.74	3.92±0.91	4.00±0.86	2.17	0.07
B1. 老师关心我。	4.04±0.88	4.07±0.69	4.18±0.83	4.31±0.79	4.25±0.87	0.76	0.55
B2. 我有问题时，老师会停下来帮助我。	4.04±0.93	4.34±0.66	4.24±0.91	4.25±0.94	4.18±1.08	0.5	0.73
B3. 老师的解答可以帮助我理解。	4.39±0.58	4.32±0.68	4.34±0.75	4.28±0.81	4.16±1.12	0.43	0.79
B4. 老师会在意我的感受。	4.00±0.80	4.03±0.79	4.05±1.04	4.03±0.88	4.05±1.03	0.01	1
B5. 老师会和我聊天。	3.91±0.85	4.02±0.86	4.11±0.92	4.11±0.85	3.89±0.99	0.49	0.74
B6. 老师会主动纠正我的汉语错误。	4.17±0.78	4.07±0.85	4.03±1.03	4.39±0.73	4.25±0.92	1.12	0.35
C1. 同学和我讨论怎样完成任务。	3.83±0.83	4.00±0.67	3.84±0.72	4.11±0.92	4.07±0.85	0.91	0.46
C2. 我发表我的想法。	3.57±0.90	3.90±0.69	4.00±0.66	4.14±0.83	4.05±0.91	2.15	0.08
C3. 我向同学解释我的想法。	3.65±0.88	3.83±0.75	4.03±0.49	4.08±0.81	4.11±0.89	2.07	0.09
C4. 同学接受或同意我的想法。	3.70±0.82	3.85±0.64	3.92±0.54	3.97±0.74	3.91±0.83	0.62	0.65
C5. 我和同学合作完成分组活动。	3.78±0.90	4.12±0.62	4.16±0.68	4.19±0.86	4.18±0.72	1.41	0.23
C6. 我会向老师提问。	4.09±0.85	4.10±0.76	3.89±0.92	3.94±1.04	3.95±0.99	0.43	0.79
D1. 我和同学清楚分组活动的目标。	3.83±0.78	4.02±0.73	3.89±0.89	4.14±0.87	4.07±0.95	0.71	0.59
D2. 我和同学努力完成分组活动的任务。	3.78±0.80	4.17±0.67	4.26±0.64	4.31±0.71	4.11±0.92	2.02	0.09

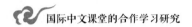
续表

题目名称	5. 您在中国学习汉语的时间（平均值 ± 标准差）					F	p
	少于半年 （N = 23）	半年至 1 年 （N = 59）	1 年至 1 年 半（N = 38）	1 年半至 2 年（N = 36）	2 年以上 （N = 44）		
D3. 我和同学能够实现分组活动的目标。	3.70 ± 0.82	4.08 ± 0.65	4.13 ± 0.74	4.06 ± 0.83	4.14 ± 0.85	1.5	0.2
D4. 分组活动有意思，引起我学汉语的兴趣。	3.74 ± 0.92	3.81 ± 0.92	3.84 ± 1.00	3.92 ± 0.77	3.73 ± 1.11	0.24	0.92
D5. 分组活动对我的汉语学习有帮助。	3.91 ± 0.85	3.90 ± 0.88	4.05 ± 0.90	4.08 ± 0.94	3.80 ± 0.98	0.68	0.61
E1. 老师重视所有人提的问题。	4.26 ± 0.69	4.20 ± 0.87	4.26 ± 0.72	4.25 ± 0.77	4.09 ± 0.98	0.3	0.88
E2. 老师帮助我和帮助其他同学一样多。	4.04 ± 0.77	4.24 ± 0.80	4.08 ± 0.78	4.14 ± 0.96	4.05 ± 1.01	0.41	0.8
E3. 老师鼓励我和鼓励其他同学一样多。	3.96 ± 0.77	4.20 ± 0.76	4.18 ± 0.80	4.11 ± 0.95	3.95 ± 1.03	0.76	0.55
E4. 小组里我发言的机会和其他同学一样多。	4.13 ± 0.87	4.07 ± 0.81	4.13 ± 0.84	4.31 ± 0.79	4.16 ± 0.94	0.45	0.77
E5. 小组里我发言的时间和其他同学一样长。	4.09 ± 0.79	3.98 ± 0.86	4.00 ± 0.90	4.22 ± 0.80	3.82 ± 1.13	1.02	0.4
E6. 我的小组同学总是不固定的。	3.43 ± 1.04	3.56 ± 0.90	3.87 ± 0.91	3.86 ± 0.96	3.68 ± 0.98	1.33	0.26
E7. 我的小组同学来自不同国家。	**3.65 ± 1.15**	**4.07 ± 0.87**	**4.32 ± 0.77**	**4.36 ± 0.68**	**4.14 ± 1.03**	**2.71**	**0.03 ***
E8. 我的小组人数有点多。	3.04 ± 1.07	2.95 ± 1.12	3.11 ± 1.18	3.06 ± 1.07	2.52 ± 1.15	1.84	0.12
F1. 我纠正同学的语言错误。	2.96 ± 1.02	3.08 ± 0.84	3.24 ± 1.02	3.11 ± 1.04	2.93 ± 1.04	0.59	0.67
F2. 同学纠正我的语言错误。	2.87 ± 0.92	3.14 ± 0.84	3.24 ± 1.08	3.19 ± 1.06	3.14 ± 1.03	0.56	0.69
F3. 我能意识到自己的语言错误。	3.52 ± 0.79	3.64 ± 0.87	3.53 ± 1.03	3.78 ± 0.90	3.91 ± 0.88	1.29	0.28
F4. 我可以影响同学的想法。	3.65 ± 0.71	3.41 ± 0.81	3.26 ± 0.95	3.22 ± 0.90	3.41 ± 1.00	1.01	0.4

题目名称	5. 您在中国学习汉语的时间：（平均值 ± 标准差）					F	p
	少于半年（N = 23）	半年至 1 年（N = 59）	1 年至 1 年半（N = 38）	1 年半至 2 年（N = 36）	2 年以上（N = 44）		
F5. 我鼓励同学参与小组活动、讨论。	3.78 ± 0.80	3.68 ± 0.82	3.61 ± 0.97	3.78 ± 0.99	3.52 ± 1.09	0.51	0.73
F6. 我和同学讨论与小组活动无关的内容。	3.35 ± 0.98	3.24 ± 1.07	3.45 ± 1.01	3.28 ± 0.97	2.91 ± 0.98	1.64	0.17
G1. 老师给我们安排很多分组活动。	3.78 ± 0.95	3.78 ± 0.85	3.89 ± 0.83	3.86 ± 0.83	3.52 ± 0.90	1.18	0.32
G2. 老师的活动说明清楚明白，容易理解。	4.04 ± 0.88	3.78 ± 0.79	3.97 ± 0.75	3.83 ± 0.91	3.91 ± 1.07	0.53	0.72
G3. 老师会检查我们是否明白了活动要求。	3.91 ± 0.95	3.85 ± 0.85	3.95 ± 0.73	4.03 ± 0.94	3.86 ± 1.07	0.27	0.9
G4. 老师限制分组活动的时间。	3.48 ± 0.95	3.75 ± 0.82	3.92 ± 1.00	4.08 ± 0.77	3.86 ± 1.05	1.77	0.14
G5. 老师要求我们展示活动内容。	4.04 ± 0.93	3.95 ± 0.75	4.34 ± 0.71	4.28 ± 0.70	4.27 ± 0.95	2.03	0.09

注：* $p < 0.05$。

我们通过访谈学生发现，在中国生活与学习时间越长的学生，往往在合作学习越积极与主动。表 5.15 的数据分析也表明，在中国学习时间越长的留学生，在分组学习时越容易与同学相互熟悉、建立友谊（A1、A2）。我们或许可以用文化休克中的 U 形曲线理论假设图解释该现象。U 形假设图代表一种情绪波动轨迹，典型地描画了在异国的旅居者面临新的文化时，情绪波动中"接触—沮丧—调整—适应"的变化轨迹（安然 2010）。这种变化轨迹被分为四个阶段：蜜月阶段、沮丧（或敌意）阶段、恢复调整阶段、适应阶段。随着在中国学习时间的增加，留学生的情绪波动轨迹逐渐变化，处于恢复调整阶段与适应阶段，加之汉语水平也在提高，更容易与同学相互熟悉、建立友谊（A1、A2）。加之所在班级的同学国籍更加多样化，以及任课教师在分组活动时有意识地安排不同国籍的学生学习，因此在中国学习时间更长的留学生，对"小组同学来自不同国家"的感受更加显著（E7）。由此可见，分组活动之前，教师应当对留学生在中国学习汉语的时间有所了解与考虑，因为这与提升学生之间的亲和关系有一定相关性，学生之间良好的亲和关系有助于合作学习中产出更多的同伴支架，以及促进汉语学习的互动模式的形成。

第三节　课堂环境的构成及作用

在本节中，我们结合数据统计分析结果，分别考察构成学生课堂心理环境的 7 个因子，深入研究每个因子的具体内容及其在课堂合作学习中的作用。

一　同学间的亲和关系

与因子 3（"同学间的合作"）相比，因子 1"同学间的亲和关系"侧重考察在整个班集体中，学生之间由于长期相处而产生的积极情感或友谊较为长久且稳固。因子 3 侧重考察在课堂中出于合作学习的需要，学生之间临时构建的互相帮助的互动关系，相对短暂且易变（见表 5.16）。

表 5.16　因子 1——"同学间的亲和关系"得分

同学间的亲和关系	从来没有 1	很少这样 2	有时这样 3	经常这样 4	总是这样 5	平均分
A1. 我和同学相互熟悉。	2 人（1%）	9 人（4.5%）	46 人（23%）	85 人（42.5%）	58 人（29%）	3.94
A2. 我和同学能建立友谊。	0 人（0%）	7 人（3.5%）	38 人（19%）	84 人（42%）	71 人（35.5%）	4.10
A3. 分组活动时，同学帮助我。	0 人（0%）	13 人（6.5%）	39 人（19.5%）	82 人（41%）	66 人（33%）	4.01
A4. 分组活动时，我帮助同学。	0 人（0%）	6 人（3%）	45 人（22.5%）	79 人（39.5%）	70 人（35%）	4.07

同学间的 亲和关系	从来 没有 1	很少 这样 2	有时 这样 3	经常 这样 4	总是 这样 5	平均分
A5. 同学们都喜 欢我。	1 人 （0.5%）	6 人 （3%）	69 人 （34.5%）	77 人 （38.5%）	47 人 （23.5%）	3.82

注：括号内数字为各选项人数占总人数的百分比。以下同。

　　由表 5.16 可知，调查样本所在的班级中，同学间的亲和关系普遍较为积极友善，班级的凝聚力较强，同学之间的关系稳固而且友善。学生 S5 谈道："我真是挺喜欢我们班的，上学期演讲比赛的时候，是志豪去的，我们全去加油了，他最后得了第一名，然后大家还去五道口喝酒庆祝了……下个星期的汉语比赛，这个小品也是我们几个人先找到的，然后大家一起想办法（设计），妮雅昨天去民族大学那里借衣服了。"向上的班级凝聚力与稳固的友谊，使学生之间更加熟悉与亲切，有助于产生促进汉语学习的"平等主动合作型""指导－接受型"互动模式。已有研究也证明，任务参加者相互熟悉度与意义沟通量密切相关（袁芳远 2016：92）。Plouge & Gass（1993）发现，熟悉且关系友善的学生在分组活动时，比彼此不熟悉的学生会使用更多的交际互动策略，且少受面子问题的影响，敢于及时指出同伴的语言错误。Zuengler（1993）也得出结论：是否熟悉任务题目并没有那么重要，重要的是参加者之间是否相互了解。由此可见，同学间积极的亲和关系也有助于更多正确的同伴支架的产生。

二　教师的支持

　　与因子 7（"教师的领导"）相比，因子 2"教师的支持"侧重考察教师对合作学习中学习者个人的关注与鼓励、学习者的内心感受，属于横向微观层面；因子 7 侧重考察教师对合作学习全过程的安排与协调、学习者的内心感受，属于纵向宏观层面（见表 5.17）。

表 5.17　因子 2——"教师的支持"得分

教师的支持	从来没有 1	很少这样 2	有时这样 3	经常这样 4	总是这样 5	平均分
B1. 老师关心我。	0 人（0%）	3 人（1.5%）	40 人（20%）	77 人（38.5%）	80 人（40%）	4.17
B2. 我有问题时，老师会停下来帮助我。	2 人（1%）	7 人（3.5%）	28 人（14%）	68 人（34%）	95 人（47.5%）	4.24
B3. 老师的解答可以帮助我理解。	1 人（0.5%）	7 人（3.5%）	19 人（9.5%）	79 人（39.5%）	94 人（47%）	4.29
B4. 老师会在意我的感受。	1 人（0.5%）	9 人（4.5%）	45 人（22.5%）	72 人（36%）	73 人（36.5%）	4.04
B5. 老师会和我聊天。	1 人（0.5%）	11 人（5.5%）	40 人（20%）	81 人（40.5%）	67 人（33.5%）	4.01
B6. 老师会主动纠正我的汉语错误。	0 人（0%）	10 人（5%）	40 人（20%）	58 人（29%）	92 人（46%）	4.12

　　由表 5.17 可知，在合作学习中，学生对于来自教师的支持有显著与正面的心理感受，6 个题目的平均分都在 4 分以上（即"经常这样"）。和同伴支架相比，来自教师的专家支架起到更正、总结、概括的作用，因此学生认为是必需与必要的。但教师应当在分组活动的什么时机纠正学生的语言错误（B6），对此留学生有不同的看法。有的希望教师在对话过程中及时更正，但更多的学生希望在分组对话结束以后教师集中更正。学生 S7 就说道："老师站在我身边，我可能比较紧张，她告诉我哪里错了，我就忘了（该接着说什么）。"通过课堂观察我们也发现，在"被动 - 被动型"的互动模式中，教师如果在分组对话阶段就主动介入更正学生的语言错误，会使该模式更加固化，学生之间的互动与交流更少。对于同伴支架的作用，当错误的同伴支架产生而学生不自知或者碍于面子不愿纠正对方时，教师的主动介入就是必要的。

　　对于教师在学生分组对话中介入学生之间谈话的行为（B5），当互动模式为"主导 - 主导型"时，教师的及时介入会提醒学生考虑同伴的感受，有助于该模式向"平等主动合作型"转化。学生 S8 谈道："我就是爱多讲话，话比较多嘛，有的时候我和那个乌克兰的男生在一组，我们会争论起来，我不高兴，他也不高兴，李老师有时候会和我们一起聊天儿，然后我们就会明白了对方，然后我觉得这样，也比较好。"当互动模式为"主导－被动型"时，教师有必要及时介入，平衡组内学生的发言机会与时间，积极引导学生变被动为主动。学生 S10 谈道："我们班的那个冰岛同学，比较安静，和他一组的时候，他说得少，孙老师有的时候就会来我们这儿，和我们一起说，这样能帮他多说一些。要是我说得太多了，他总是听着，我觉得也没意思。其实他的想法很有意思的，我第一次见到冰岛人，还是很想，多点儿知道他，老师的帮助有用。"

三　同学间的合作

因子 3 "同学间的合作"主要考察学生对于和同学之间合作关系的心理感受。总的来说，学生对于分组活动中与同学间的合作关系是积极、满意的。在遇到难以理解的问题或者不知其义的语言表达时，学生多数情况下愿意向老师请教（C6），以解决问题，从而保证合作关系的顺利推进。我们注意到，C4（同学接受或同意我的想法）得分略低。这可能与有的学生在分组活动中试图更多把握说汉语的机会，借此充分表达自己的意愿相关。学生 S1 谈道："下课了就和自己的同胞在一起，说俄语，然后也会说英语，（虽然在中国生活但是）汉语说得少，所以分组活动让我们（有）多多（说）汉语的机会，我就会尽量多去说。"我们发现，很多留学生在汉语课后就回归自己的母语朋友圈，说汉语的机会确实不如笔者预想得多。这在一定程度与"主导－主导型""主导－被动型"互动模式的产生相关，也不利于同伴支架的产出（见表 5.18）。

表 5.18　因子 3——"同学间的合作"得分

同学间的合作	从来没有 1	很少这样 2	有时这样 3	经常这样 4	总是这样 5	平均分
C1. 同学和我讨论怎样完成任务。	1 人 (0.5%)	4 人 (2%)	45 人 (22.5%)	97 人 (48.5%)	53 人 (26.5%)	3.99
C2. 我发表我的想法。	0 人 (0%)	6 人 (3%)	50 人 (25%)	91 人 (45.5%)	53 人 (26.5%)	3.96
C3. 我向同学解释我的想法。	0 人 (0%)	5 人 (2.5%)	50 人 (25%)	94 人 (47%)	51 人 (25.5%)	3.96
C4. 同学接受或同意我的想法。	0 人 (0%)	2 人 (1%)	57 人 (28.5%)	104 人 (52%)	37 人 (18.5%)	3.88
C5. 我和同学合作完成分组活动。	0 人 (0%)	3 人 (1.5%)	35 人 (17.5%)	98 人 (49%)	64 人 (32%)	4.12
C6. 我会向老师提问。	1 人 (0.5%)	10 人 (5%)	45 人 (22.5%)	76 人 (38%)	68 人 (34%)	4

四　任务取向

因子 4 "任务取向"主要考察学生对合作学习具体内容的心理感受。我们注意到，D4（分组活动有意思，引起我学汉语的兴趣）、D5（分组活动对我的汉语学习有帮助）得分略低（见表 5.19）。

表 5.19　因子 4——"任务取向"得分

任务取向	从来没有 1	很少这样 2	有时这样 3	经常这样 4	总是这样 5	平均分
D1. 我和同学清楚分组活动的目标。	2 人 (1%)	7 人 (3.5%)	37 人 (18.5%)	96 人 (48%)	58 人 (29%)	4.01
D2. 我和同学努力完成分组活动的任务。	0 人 (0%)	4 人 (2%)	32 人 (16%)	93 人 (46.5%)	71 人 (35.5%)	4.16
D3. 我和同学能够实现分组活动的目标。	0 人 (0%)	6 人 (3%)	36 人 (18%)	99 人 (49.5%)	59 人 (29.5%)	4.06

任务取向	从来没有 1	很少这样 2	有时这样 3	经常这样 4	总是这样 5	平均分
D4. 分组活动有意思，引起我学汉语的兴趣。	5 人（2.5%）	9 人（4.5%）	55 人（27.5%）	81 人（40.5%）	50 人（25%）	3.81
D5. 分组活动对我的汉语学习有帮助。	2 人（1%）	8 人（4%）	53 人（26.5%）	74 人（37%）	63 人（31.5%）	3.94

Nabei（1996）、Swain & Lapkin（2001）、Yilmaz（2011）证明合作听写任务是一种比较合适的交际性任务，与拼图任务相比，更容易使学习者参与到交际中来，能够引出学习者更多的话语。但本书中的课堂观察表明，合作听写任务、拼图任务在实际课堂教学中运用很少，教师更多选择话题讨论（学生谈论自己的看法或者辩论）、根据主题内容运用语言点自编对话（如购物、旅游、点餐等）、运用语言点补充完成教材练习中给定的句子或对话等活动，组织课堂合作学习。

访谈结果显示，学生感到分组活动有意思，多是认为讨论的话题有意思，能够引起共鸣。对于运用语言点自编对话的练习，学生常常回避使用教师指定的语言点，并时有跑题现象，这对于提升学生汉语学习的兴趣、促进新的语言形式的学习作用有限。对于运用语言点补充完成教材练习中给定句子或对话的活动，学生普遍兴趣不大，认为多数练习缺乏情境与交际性，很难在课堂上的短时间内正确完成，不如作为课后作业更能有效练习，节省课堂学习时间。然而通过课堂观察我们发现，教师在课堂上较多地组织用语言点补充完成教材练习中给定句子或对话的活动，加之学生兴趣不大，只是按照教师指令机械完成，这导致大量"被动－被动型"模式的产生，在此模式中，同伴支架也少有出现。

通过访谈学生我们了解到，大多数学生更倾向 2 人一组的对话，3 人一组可以接受，当人数在 3 人以上时，"合作学习对汉语学习有帮助"的感受明显下降。这是由于在课堂场域下，讨论时间有限，当合作学习人数多于 3 人时，学习者的开口率普遍降低，在"主导－被动型"模式中，被动型学习者使用汉语的机会相对更少，从参与者变为沉默的旁观者，此时分组活动对于其汉语学习并无帮助。总之，合作学习的活动内容选择不当，或者分组人数过多时，学生对合作学习兴趣下降，大量不利于汉语学习发展的"被动－被动型"模式、"主导－被动型"模式产生。这在一定程度上体现出课堂合作学习的局限性。

五　平等性

因子 5 "平等性"主要考察学生合作学习时，是否感到自己得到平等对待的心理感受。我们注意到，E6（我的小组同学总是不固定的）、E8（我的小组人数有点多）得分较低。师生访谈中对于分组成员是否应当固定的问题，教师与学生的看法较为一致，认为成员不固定有助于合作学习的进行。然而我们通过课堂观察发现，受制于教室空间、座位布局、课堂时间有限等因素的制约，教师在分组时多采取就近原则，笔者观察的课堂，仅有一名老师在组织分组活动时，每次都打乱学生座位次序，确保同一次课中（2 课时）分组活动的成员都是不固定的，并尽量同时考虑到国别与性别的差异性。由此可见，国际中文课堂教学中的合作学习，成员比较固定的情形较为常见。尽管其他学科的合作学习中，组员相对较为固定，但国际中文教学的小班制教学以及语言学习的特点决定了合作学习中组员不固定效果可能会更好（见表 5.20）。

表 5.20　因子 5——"平等性"得分

平等性	从来没有 1	很少这样 2	有时这样 3	经常这样 4	总是这样 5	平均分
E1. 老师重视所有人提的问题。	0 人（0%）	6 人（3%）	34 人（17%）	73 人（36.5%）	87 人（43.5%）	4.21

平等性	从来没有 1	很少这样 2	有时这样 3	经常这样 4	总是这样 5	平均分
E2. 老师帮助我和帮助同学一样多。	1 人（0.5%）	8 人（4%）	34 人（17%）	79 人（39.5%）	78 人（39%）	4.13
E3. 老师鼓励我和鼓励其他同学一样多。	2 人（1%）	3 人（1.5%）	45 人（22.5%）	73 人（36.5%）	77 人（38.5%）	4.10
E4. 小组里我发言的机会和其他同学一样多。	1 人（0.5%）	7 人（3.5%）	31 人（15.5%）	83 人（41.5%）	78 人（39%）	4.15
E5. 小组里我发言的时间和其他同学一样长。	3 人（1.5%）	7 人（3.5%）	44 人（22%）	78 人（39%）	68 人（34%）	4.01
E6. 我的小组同学总是不固定的。	2 人（1%）	16 人（8%）	71 人（35.5%）	65 人（32.5%）	46 人（23%）	3.69
E7. 我的小组同学来自不同国家。	2 人（1%）	8 人（4%）	35 人（17.5%）	71 人（35.5%）	84 人（42%）	4.14
E8. 我的小组人数有点多。	26 人（13%）	41 人（20.5%）	75 人（37.5%）	40 人（20%）	18 人（9%）	2.92

六　学生的责任

因子 6"学生的责任"主要考察学生合作学习时，对自己与同学合作学习的负责程度的心理感受。我们注意到，该因子中的题目得分普遍较低。该因子较为突出地体现出合作学习的局限性。首先学生在合作学习中，纠正对方的语言错误相对有限（F1、F2）。这也是部分同学认为分组活动不能促进自己汉语学习的主要原因：对自己与同伴的语言错误缺乏认识（F3、F4），导致错误的同伴支架的产生，甚至在某种程度上加重语言学习的化石化现象。其次，我们发现，在分组活动中，学生们关注语言形式相对有限；当教师在场时，他们会更多地关注语言形式。高级水平的学生关注语言形式的可能性大于初级和中级学生，但其关注点更多集中在词汇而非语法层面。这与我们在对同伴支架的研究中的发现较为接近。当学生很少将注意力放在语言形式上时，对语言错误更加不能自知。

F6 同样体现出分组活动的局限性，课堂观察的结果也显示，学生有时会在分组活动中谈论与活动无关的内容，如果碰巧母语相同，便会使用母语交流与合作学习完全无关的内容。如果此时教师不能及时发现或者明确控制分组活动的时间，合作学习的形式虽在，但合作学习的效果和对汉语学习的促进作用可想而知（见表 5.21）。

表 5.21　因子 6——"学生的责任"得分

学生的责任	从来没有 1	很少这样 2	有时这样 3	经常这样 4	总是这样 5	平均分
F1. 我纠正同学的语言错误。	10 人（5%）	44 人（22%）	82 人（41%）	50 人（25%）	14 人（7%）	3.07
F2. 同学纠正我的语言错误。	9 人（4.5%）	39 人（19.5%）	85 人（42.5%）	50 人（25%）	17 人（8.5%）	3.14
F3. 我能意识到自己的语言错误。	2 人（1%）	15 人（7.5%）	65 人（32.5%）	79 人（39.5%）	39 人（19.5%）	3.69
F4. 我可以影响同学的想法。	5 人（2.5%）	18 人（9%）	96 人（48%）	59 人（29.5%）	22 人（11%）	3.38
F5. 我鼓励同学参与小组活动、讨论。	2 人（1%）	19 人（9.5%）	64 人（32%）	75 人（37.5%）	40 人（20%）	3.66
F6. 我和同学讨论与小组活动无关的内容。	7 人（3.5%）	41 人（20.5%）	76 人（38%）	52 人（26%）	24 人（12%）	3.23

七　教师的领导

因子 7 "教师的领导"主要考察对于教师在分组合作学习中的整体引导与安排，学生的心理感受如何。我们注意到，G1（老师给我们安排很多分组活动）、G4（老师限制分组活动的时间）得分略低。对于分组活动数量、内容、时长等的安排，多数学生认为，关于阐明自己的态度或者看法、辩论或者交际性强的活动，应该以分组的形式进行，而诸如缺乏交际性、换言之一个人就能完成的任务

（例如教材中课文后某些补充完整句子或者对话的随堂练习），可以通过学生课下自主完成、课上教师集中检查的方式进行。此类缺乏交际性的活动在课堂上进行，导致大量"被动－被动型"模式的产生，该模式虽然表面具备合作学习的形式，但是学习者在本质上缺乏互动与合作，同伴支架的产生更是无从谈起。

在教师限制分组活动的时间方面，从学生心理感受的反馈我们也可以看出合作学习在课堂教学时间管理方面呈现的局限性。多数教师在访谈中也谈到了这一点，认为对分组活动的时间控制，是整个课堂教学管理中较有挑战性的问题之一。虽然在备课阶段教师大多对课堂分组活动的时间长度有心理预期，然而在课堂教学实践中，超时往往成为常态。对此学生的心理感受说明其更希望教师明确、严格限制分组活动时间，以提高合作学习的效率与质量（见表5.22）。

表 5.22 　因子 7——"教师的领导"得分

教师的领导	从来 没有 1	很少 这样 2	有时 这样 3	经常 这样 4	总是 这样 5	平均分
G1. 老师给我们安排很多分组活动。	1 人 （0.5%）	11 人 （5.5%）	66 人 （33%）	79 人 （39.5%）	43 人 （21.5%）	3.76
G2. 老师的活动说明清楚明白，容易理解。	2 人 （1%）	11 人 （5.5%）	45 人 （22.5%）	92 人 （46%）	50 人 （25%）	3.89
G3. 老师会检查我们是否明白了活动要求。	2 人 （1%）	12 人 （6%）	43 人 （21.5%）	88 人 （44%）	55 人 （27.5%）	3.91
G4. 老师限制分组活动的时间。	2 人 （1%）	13 人 （6.5%）	80 人 （40%）	52 人 （26%）	52 人 （26%）	3.84
G5. 老师要求我们展示活动内容。	0 人 （0%）	7 人 （3.5%）	31 人 （15.5%）	84 人 （42%）	78 人 （39%）	4.17

本部分主要采用量化研究的方法，基于课堂环境理论、学界相关研究，结合国际中文课堂教学的特点，尝试创制《国际中文课堂合作学习环境量表》，通过问卷调查的数据收集手段，深入考察合作

学习的隐形影响因素——课堂环境。38 个调查样本的小样本预测以及 200 个调查样本的大规模数据统计与分析证明，量表具有较高的信度、内容效度、结构效度，而且量表对于课堂环境 7 个方面的分类——分组活动中同学间的亲和关系、教师的支持、同学间的合作、任务取向、平等性、学生的责任、教师的领导，是合理与可行的，我们可以从这 7 个方面出发，探讨课堂环境对于合作学习的影响。

通过考察性别、国别、在中国学习时长的感知差异，探讨了感知差异对于合作学习的影响。性别差异中，有 8 个题目呈现显著性差异，这意味着女生在这些方面对国际中文课堂环境的感知比男生更满意一些，对国际中文课堂持有更加积极、肯定的态度；女生在国际中文课堂上与同学之间的关系更融洽，更倾向于与同学合作完成学习活动。

国别差异中，有 10 个题目呈现显著性差异，非汉字圈调查样本的均值普遍高于汉字圈。数据显示非汉字圈国家的留学生对合作学习的态度更为主动、积极、肯定，这种态度有助于非汉字圈的留学生对自身在合作学习享受平等性产生更加正面与满意的感受。

在中国学习时长的感知差异中，有 3 个题目呈现显著性差异，我们通过访谈学生发现，在中国生活与学习的时间越长的学生，在合作学习时，往往越积极与主动，更容易与同学相互熟悉。我们可以用文化休克中的 U 形曲线理论假设图解释该现象。随着在中国学习时间的增加，留学生的情绪波动轨迹在逐渐变化，处于恢复调整阶段与适应阶段，加之汉语水平也在提高，更容易与同学建立友谊，进而在合作学习中更具主动性与合作性。

接下来我们结合课堂环境 7 个方面的具体数据结果，逐一分析每个方面是如何影响合作学习的，由此也发现合作学习存在一定程度的局限性，应当合理运用。因子 1 "同学间的亲和关系"说明，班级凝聚力和友谊使学生之间更加熟悉与亲切，有助于产生促进汉语学习的"平等主动合作型""指导－接受型"互动模式，也有助于更多正确的同伴支架的产生。

因子2"教师的支持"说明，来自教师的专家支架起到更正、总结、概括的作用，是同伴支架的必要补充，学生认为是必需与必要的；教师在合作学习的不同时机或阶段给予支持，对互动模式的形成或固化有不同的影响。

因子3"同学间的合作"说明，学生对于分组活动中与同学间的合作关系整体较为满意。在遇到难以理解的问题或者不知其义的语言表达时，学生多数情况下愿意向老师请教，从而保证合作关系的顺利推进。但有的学生在分组活动中试图更多把握说汉语的机会，借此充分表达自己的意愿，这在一定程度与"主导－主导型""主导－被动型"互动模式的产生相关，也不太利于同伴支架的产出。

因子4"任务取向"表明，合作学习的活动内容与学生对合作学习的兴趣、合作学习是否促进汉语学习密切相关。教师在课堂教学中较少运用已被学界研究证明比较有效的活动（合作听写任务、拼图任务）。在教师较多组织的活动内容中，谈论看法或辩论类的话题讨论活动能够提升学生汉语学习的兴趣，促进合作学习；对于运用语言点自编对话的练习，学生常常回避使用教师指定的语言点，并时有跑题现象发生；对于运用语言点补充完成教材练习中给定句子或对话的活动，由于其缺乏情境与交际性，学生兴趣不大，只是按照教师指令机械完成，这导致大量"被动－被动型"模式的产生，在此模式中，同伴支架也少有出现。因此，合作学习的活动内容选择不当，或者分组人数过多时，学生对合作学习兴趣下降，大量不利于汉语学习发展的"被动－被动型""主导－被动型"模式产生。该因子在一定程度上体现课堂合作学习的局限性。

因子5"平等性"说明，学生认为合作成员不固定有助于合作学习的进行。然而实际课堂教学中，受到教室空间、座位布局、课堂时间有限等因素的制约，教师在分组时多采取就近原则，成员比较固定的情形较为常见。尽管其他学科的合作学习中，组员相对较为固定，但国际中文教学的小班制教学以及语言学习的特点决定了合作学习中组员不固定效果可能会更好。

因子 6"学生的责任"较为突出地体现合作学习的局限性。学生常常不会纠正对方的语言错误；较少把注意力放在语言形式上，有时会在分组活动中谈论与活动无关的内容，甚至使用母语交流与合作学习完全无关的内容。若教师不能及时发现上述情形或者明确控制分组活动的时间，合作学习的形式虽在，但合作学习的效果和对汉语学习的促进作用则十分有限。

因子 7"教师的领导"说明，缺乏交际性的分组活动（即上文中提及的运用语言点补充完成教材练习中给定句子或对话）在课堂上进行，导致大量"被动－被动型"模式的产生，该模式虽然表面具备合作学习的形式，但是学习者在本质上缺乏互动与合作，同伴支架的产生更是无从谈起；同时也体现出合作学习在教师课堂教学时间管理方面带来的局限性。

综上所述，我们运用《国际中文课堂合作学习环境量表》，全面考察了基于课堂环境的影响因素对合作学习的影响，由此体现出合作学习存在一定程度的适用性与局限性。

第六章　结语

第一节　国际中文课堂合作学习的
运行机制与影响因素

本书以社会文化理论、合作学习理论为指导，研究中级、高级国际中文口语课堂的合作学习。研究认为国际中文课堂合作学习的运行机制可分为互助机制与交流机制。其中，互助机制——同伴支架的分类及作用有提供词汇、提供观点、纠正错误表达、提高参与度、澄清任务、维持既定目标，从而分析同伴支架对最近发展区的作用以及同伴支架的局限性。从同伴支架的视角出发研究国际中文课堂合作对话，弥补了国际中文课堂合作学习研究的空白。

本书从平等性与相互性出发，发现合作学习的交流机制——互动模式的五种分类："平等主动合作型""指导－接受型""主导－主导型""被动－被动型""主导－被动型"，这在国际中文课堂合作学习研究中是一次创新的尝试。其中，"平等主动合作型""指导－接受型"更能促进学生的合作学习与汉语水平发展。与外语合作学习中的互动模式相比，中文合作学习的互动模式种类更加丰富，且互动模式形成之后有时并非固定不变。对互动模式的分析与探讨有助于学界进一步了解国际中文课堂合作学习的话语特征与社会文化属性。

在对运行机制进行界定与区分的基础之上，我们全面考察了影响因素——教师角色与课堂环境。关于教师角色对合作学习的影响，在前人研究基础上，我们根据不同的教师角色对合作学习的重要性程度，结合合作活动的不同阶段，将教师角色划分为居上位的引导者以及居下位的监控者、协调者、评估者。不同的教师角色对合作学习的运行机制产生不同作用。前人研究多在实验条件下进行，忽视了教师角色对于合作学习的重要作用，本书在一定程度上弥补了这一缺憾。

本书首次尝试将课堂环境理论引入国际中文课堂合作学习研究，在学界已有研究的基础上，尝试创制《国际中文课堂合作学习环境量表》，考察学习者心理感受对合作学习的影响。研究表明，《国际中文课堂合作学习环境量表》有较高的信度与效度，对于课堂环境7个方面的分类是合理与可行的，可以用于研究国际中文合作学习课堂环境及其对合作学习的影响。课堂合作学习是一个高度复杂、动态性很强的过程，因此，我们从课堂合作学习的两大主体——教师与学生的角度，分别考察其对合作学习的影响，和既往研究相比，对合作学习影响因素的分析更加全面与细致。

基于上述研究，我们尝试构建促进学习者汉语能力发展的课堂合作学习理论模型。在该模型中，在有助于合作学习的课堂环境中，教师角色作用于课堂合作学习，产出同伴支架、平等性与相互性高的互动模式，同伴支架与互动模式共同促进学习者汉语学习的发展。

本书是在社会文化理论视角下进行的实证研究。社会文化理论最初关注的是儿童的认知发展，已有研究证实其适用于外语学习研究。本书以国际中文课堂中成人学习者的合作学习为数据源，将为该理论在国际中文教育学科的适用性提供新证据；该理论应用于二语/外语的研究，较多关注能力不对称结对儿或（专家-新手）合作学习对语言习得的作用，本书以汉语水平相当的学习者（中级、高级）为研究对象，研究结果也在一定程度上扩大了社会文化理论的适用性。

在研究路径与研究方法方面，本书是基于一定规模的自然课堂合作学习对话语料，运用质性研究与量化研究相结合的混合研究方法开展的实证研究。

笔者自创由自然课堂真实对话形成的语料库，因此研究数据在规模与数量以及真实性上都超越以往研究。

第二节　对国际中文课堂教学的启示

通过分析合作学习的运行机制，我们发现学生形成错误同伴支架的可能性，以及不利于语言学习的"主导－主导型""主导－被动型""被动－被动型"互动模式。并非有了结对儿或小组讨论的表面形式，就一定会出现"合作"，并非所有表现积极的学习者都会对其他学习者产生正面影响。

通过对教师角色、课堂环境两方面影响因素的分析，我们发现，课堂合作学习存在一定的适应范围与局限性，应当合理运用。对于长期班性质的课堂教学，合作学习是合适的，可以增加学生练习中文、参与学习的机会。从留学生的国别化角度来看，充分开展分组合作学习有助于不同文化间的理解与交流。学生（S5）在访谈中也说道："我们班上差不多有七八个国家的同学，和他们聊天儿挺有意思的，有的时候，我们想得真的不一样。……我就会去想想，为什么他们会那样（想）？"对于短期班或沉浸式教学模式的强化班，合作学习在此类课堂中运用时，应多加考虑教学时长、教学内容、教学模式的限制。

当合作学习的活动内容选择不当，或者分组人数过多、组员较为固定时，学生对合作学习兴趣下降，大量不利于汉语学习发展的"被动－被动型"模式、"主导－被动型"模式产生；合作对话中学生常常不会纠正对方的语言错误，并且较少把注意力放在语言形式上；学生有时谈论与活动无关的内容，甚至使用母语交流与合作学习完全无关的内容；对分组活动的时间控制，是教师在课堂教学管理中最有挑战性的问题之一，在课堂教学实践中，分组活动超时、延时往往成为常态。

从合作学习的局限性出发，在课堂教学实践中，教师应充分准备合作学习的活动内容，合理控制分组人数，采取多种方式保证组员来源的多样性。教师应及时指出并纠正学习者形成的错误同伴支架，并对分组成员的内部关系进行监控，避免分组活动由某一组员主导，鼓励每个成员都参与到合作学习中。对于表现积极的成员，可引导其懂得团队合作的重要性，激励其调动同伴的学习积极性。当教师发现小组形成了不利于语言学习的互动模式时，应予以正确引导，或通过为学生更换同伴、重组小组的手段，促进有利于语言学习的互动模式的形成。

教师在课堂合作学习的不同阶段，分别承担了引导者、监控者、协调者、评估者的不同角色，考虑到合作学习的局限性，教师应注意在不同的学习阶段合理承担不同的角色，特别注意监控与调节的分寸，并注意明确与控制合作对话的总时长及学习者个人的发言时间，以较好地实现对课堂合作学习的时间管理。在学生合作对话结束后，教师应及时全面评估学生表现与学习成果。

第三节　有待探索的新领域

本书是对国际中文课堂合作学习的实证探索。国际中文课堂合作学习是一个高度动态复杂的过程，由于研究能力与时间所限，本书的研究对象集中于中高级国际中文口语课堂，研究所采用的语料仅为国际中文口语课堂语料，中高级国际中文综合课堂、写作课堂未被纳入研究范围。英语或其他外语的写作课堂中采用合作学习的模式较为常见，对于其写作课堂中的合作学习研究也较为充分。然而，对国际中文写作课堂教学中合作学习的研究，尚处于起步阶段，值得深入探索，以扩充合作学习在国际中文教学领域中的适用性。若条件允许，我们还可以对国际中文综合课堂、听力课堂、阅读课堂等不同课型中的合作学习开展对比研究，在比较中推动研究进一步深入。

随着互联网、大数据、AI 技术的迅猛发展，以慕课、微课、融合式教学、SPOC 教学等为代表的互联网教学模式，在包括国际中文教育学科在内的各学科中蓬勃发展。与师生面对面的传统小班制语言课堂相比，互联网教学模式在教学形式、教学媒介、教学规模上，带来了师生关系与生生关系的深刻变化，增添了国际中文课堂合作学习研究从内容到形式的新走向。在上述教学模式下，学生可以通过视频或文字的形式（微信群），在线交流与互评，教师也可以通过视频或文字指导学生独立或合作学习。这是值得研究的新型师生互动模式与合作学习方式。因此，在未来研究中，基于互联网的国际中文课堂合作学习探索，也有待开展进一步实证研究。

通过访谈留学生我们发现，不少国际中文课堂上的合作学习已经延伸到课外，课后的小组合作学习人数更多、时间更长、内容更丰富，同伴之间的探讨与合作也更加深入与充分。已有研究也表明大量真实、有益的同伴合作学习在课外，且形式更加丰富多样，例如课外同伴观点交流、同伴咨询、同伴辅导、同伴纠错等（高瑞阔、唐胜虹 2014；Mirzaei & Eslami 2013）。因此，未来的国际中文合作学习研究若能够衍生到课堂外的双人或多人小组合作学习，将会进一步深入。

本书中使用的语料，全部来自笔者本人通过课堂观察收集、转写的语料，由于个人能力与时间所限，课堂语料皆来源于同一所大学，相对有限，缺乏一定的广泛性。未来的课堂合作学习若能有更加丰富翔实的语料库，则研究结论将更有普遍性与应用性。大规模外语课堂学生口语互动语料库的建立设想，在中国的大学英语教学研究领域已开展有益尝试（徐锦芬 2016）。未来若国际中文教育学科也能开展中文口语课堂合作学习语料库的建设，则课堂教学中生生互动、合作学习方面的研究将会更加全面。

参考文献

安然（2010）．"'文化休克'译释探源"．学术研究（03）：50－54＋159．

陈莉（2016）．汉语第二语言学习者同伴合作学习研究．北京语言大学．硕士学位论文．

陈向明（2000）．质的研究方法与社会科学研究．北京：教育科学出版社．

邓秀娥、郑新民（2008）．"关于大学英语课堂小组活动有效性的研究"．外语电化教学（04）：41－46．

丁安琪（2014）．"指向语言教师专业发展的课堂观察——美国'语言教师效能反馈工具'述评"．外语界（06）：66－73．

高歌（2010）．"不同分组条件下同侪反馈对学生英语写作的影响"．外语学刊（06）：93－97．

高瑞阔、唐胜虹（2014）．"中国大学生的英语学习同伴资源运用状况调查"．现代外语（05）：668－678＋730－731．

高瑛（2009）．"认知与社会文化视域下的课堂互动话语研究述评"．外语教学理论与实践（04）：76－83．

高瑛、张绍杰（2010）．"社会文化视域下的互动话语研究理据及其方法建构"．东北师大学报（哲学社会科学版）（06）：103－109．

顾明远（1990）．教育大辞典．上海：上海教育出版社．

郭翠红、兰素萍（2013）．"1983—2012外语／二语写作教学中的同伴反馈——基于国内外22种语言学主要期刊论文的统计与分析"．外语教育（01）：1-9.

韩冰（2017）．捷克汉语学习者课堂环境调查与研究——以捷克查理
　　大学、帕拉茨基大学为例．北京外国语大学．硕士学位论文．

贾光茂、方宗祥（2009）．"激活最近发展区：大学英语课堂交际活
　　动中教师及同伴支架作用研究"．西安外国语大学学报（03）：
　　84-87+91.

江新（2008）．对外汉语字词与阅读学习研究．北京：北京语言大学
　　出版社．

蒋荣（2009）．基于社会文化理论的互动与第二语言学习者词汇习得
　　效应的研究．北京语言大学．博士学位论文．

蒋衡（2002）．"西方二十世纪七十年代以来关于教师角色的研究"．
　　高等师范教育研究（06）：72-77+57.

蒋以亮（1998）．"课堂交际技能训练的一种方法——谈'分组'"．
　　汉语学习（01）：46-50.

寇金南（2015）．中国大学英语课堂小组互动模式研究．北京：世界
　　图书出版公司．

李丹丽（2014）．"二语协作任务中同伴支架对语言输出的影响"．中
　　国外语（01）：43-50.

李化羽（2013）．泰国大学汉语专业课堂环境初探——以曼谷大学为
　　例．广西大学．硕士学位论文．

李淑静（2010）．"ESL学习者如何提出、接受和拒绝'建议'：会话
　　分析的视角"．外语研究（01）：52-58.

林琳（2016）．"基于社会文化理论视角的协作学习跟踪研究"．外语
　　教学（06）：58-63.

刘虹（2004）．会话结构分析．北京：北京大学出版社．

刘路（2017）．"二语教师课堂角色研究述评"．云南师范大学学报
　　（对外汉语教学与研究版）（02）：17-25.

刘永厚（2015）．"英语专业写作小组同伴反馈和教师反馈效果研究"．

外语界（01）：48 – 55.

刘越（2015）．初级汉语课堂小组活动中的教师角色研究．华东师范大学．硕士学位论文．

廖宇航（2020）．"混合式教学过程中高校教师角色的定位"．高教学刊（23）：143 – 145.

马冬梅（2002）．"英语教学中小组口语活动后的学生自我纠错"．外语教学与研究（02）：131 – 135.

马兰（2005）．合作学习．北京：高等教育出版社．

秦晓晴（2009）．外语教学问卷调查法．北京：外语教学与研究出版社．

屈智勇（2002）．"国外课堂环境研究的发展概况"．外国教育研究（07）：21 – 25.

任庆梅（2016）．"大学英语有效课堂环境构建与评价量表实证检测"．教育研究（04）：105 – 111.

任庆梅（2018a）．"大学英语有效课堂环境构建及评价的影响机制"．外语教学与研究（05）：703 – 714 + 800.

任庆梅（2018b）．"大学英语课堂环境构建及评价的现状调查与分析"．外语界（06）：44 – 52.

任庆梅（2019）．大学英语有效课堂环境研究．北京：科学出版社．

神惠子（2016）．"小组合作学习模式中的教师角色与学习评价"．中国大学教学（02）：94 – 96.

孙瑞、李丽虹（2007）．"论合作学习模式在对外汉语教学中的运用"．云南师范大学学报（对外汉语教学与研究版）（02）：66 – 69.

孙云梅（2009）．中国大学外语课堂环境研究．北京：中国社会科学出版社．

王初明（2010）．"互动协同与外语教学"．外语教学与研究（04）：297 – 299.

王蔷（2000）．英语教学法教程．北京：高等教育出版社．

王蕊 (2011). 汉语课堂分组活动合作性研究. 华东师范大学. 硕士学位论文.

王瑞烽 (2007). "小组活动的任务形式和设计方式及其在对外汉语教学中的应用". 语言教学与研究 (01)：82-88.

王帅、田雪萍 (2021). "韩国汉语学习者课堂小组互动模式及互动效果研究". 世界汉语教学 (03)：406-421.

王坦 (2001). 合作学习——原理与策略. 北京：学苑出版社.

王晓燕 (2014). 课堂语言学习中的社会行为特征研究. 广州：中山大学出版社.

王晓燕、王俊菊 (2012). "同伴互动语码转换研究——基于英语学习者的课堂口语语料分析". 解放军外国语学院学报 (03)：60-66+128.

王晓燕、王俊菊 (2014). "外语环境下同伴他启修正研究". 现代外语 (02)：210-220+292-293.

王跃华、白兰 (2008) "小组活动在中职英语教学中的有效组织策略". 中国职业技术教育 (02)：68-69.

维果茨基 (2016). 维果茨基全集 (第6卷) 教育心理学. 龚浩然、许高渝、潘绍典译. 合肥：安徽教育出版社.

文秋芳 (2008). "评析二语习得认知派与社会派20年的论战". 中国外语 (03)：13-20.

文秋芳 (2010). 二语习得重点问题研究. 北京：外语教学与研究出版社.

吴方敏 (2016). "后方法视野下的小组合作学习与教学策略研究". 云南师范大学学报 (对外汉语教学与研究版) (06)：1-7.

吴荣辉、何高大 (2014). "合作学习在大学英语写作教学中的应用效应研究". 外语教学 (03)：44-47.

吴育红 (2015). "英语写作教学中同伴互评实施的影响因素及对策". 内蒙古师范大学学报 (教育科学版) (06)：79-80+83.

伍新春、管琳（2010）．合作学习与课堂教学．北京：人民教育出版社．

徐锦芬（2015）．"外语课堂研究：回顾与展望"．当代外语研究（09）：1－6＋76．

徐锦芬（2016）．"大学英语课堂小组互动中的同伴支架研究"．外语与外语教学（01）：15－23＋146．

徐锦芬、曹忠凯（2012）．"不同结对模式对大学英语课堂生生互动影响的实证研究"．中国外语（05）：67－77．

徐锦芬、范玉梅（2016）．"中国英语课堂小组互动口语语料库的建设"．现代教育技术（11）：107－113．

徐锦芬、寇金南（2011）．"大学英语课堂小组互动策略培训实验研究"．外语教学与研究（01）：84－95＋159．

徐锦芬、寇金南（2014a）．"基于词频的国内课堂互动研究热点及趋势分析"．解放军外国语学院学报（03）：1－9＋160．

徐锦芬、寇金南（2014b）．"基于词频的国外互动研究热点及趋势分析（2000—2012）"．外语教学（03）：15－19．

徐锦芬、寇金南（2017）．"大学英语课堂小组互动模式研究"．外语教学（02）：65－69．

徐锦芬、叶晟杉（2014）．"二语/外语课堂中的同伴互动探析"．当代外语研究（10）：31－36＋78．

于书林、I. Lee（2013）．"基于社会文化活动理论的二语写作同伴反馈系统模型构建"．山东外语教学（05）：24－29．

余震球（2005）．维果茨基教育论著选．北京：人民教育出版社．

袁芳远（2016）．基于课堂的第二语言习得研究．北京：商务印书馆．

张金桥、王茜（2020）．"海外学生汉语语言环境的理论建构及量表编制"．汉语学习（06）：76－84．

张凌元（2020）．汉语课堂环境对来华留学生自主学习的影响．北京外国语大学．硕士学位论文．

张笑难（2002）．"教学行动研究在对外汉语课堂小组讨论中的应用"．

北京第二外国语学院学报（03）：102–106.

张园（2006）．"高级口语课堂的小组活动管理"．国际汉语教学动态与研究（03）：82–91.

赵建华、李克东（2000）．"协作学习及其协作学习模式"．中国电化教育（10）：5–6.

赵雷（2015）．"任务型口语课堂汉语学习者协商互动研究"．世界汉语教学（03）：362–376.

中国社会科学院语言研究所词典编辑室（2016）．现代汉语词典．北京：商务印书馆．

中央教育科学研究所比较教育研究室（1990）．简明国际教育百科全书·教学．北京：教育科学出版社．

朱颖（2014）．来华预科留学生汉语课堂环境实证研究．山东大学．硕士学位论文．

朱政贤、穆惠峰（2012）．"基于信息技术的大学英语协同式教学"．外语电化教学（02）：56–60.

Adams, R. (2007). Do second language learners benefit from interacting with each other? in A. Mackey (ed.). *Conversational Interaction in Second Language Acquisition: A Series of Empirical Studies*: 29–51. Oxford: Oxford University Press.

Anuradha, A. C. (1995). Collaborative learning enhances critical thinking. *Journal of Technology Education*, (7): 36–49.

Brown, H. D. (1994). *Teaching by Principles: An Interactive Approach to Language Pedagogy*. NJ: Prentice Hall.

Chaudron, C. (1988). *Second Language Classrooms: Research on Teaching and Learning*. Cambridge: Cambridge University Press.

Damon, W. & E. Phelps (1989). Critical distinctions among three approaches to peer education. *International Journal of Educational Research*, (1): 9–19.

De La Colina, A. A. & M. G. Mayo (2007). Attention to form across collaborative tasks by low-proficiency learners in an EFL setting. *Investigating Tasks in Formal Language Learning*: 91 – 116.

Delucchi, M. (2006). The efficacy of collaborative learning groups in an undergraduate statistics course. *College Teaching*, (2): 244 – 248.

DiCamilla, F. J. & M. Anton (1997). The function of repetition in the collaborative discourse of L2 learners. *The Canadian Modern Language Review*, 53: 609 – 633.

Donato, R. (1989). *Beyond Group: A Psycholinguistic Rationale for Collective Activity in Second-language Learning*. University of Delaware.

Donato, R. (1994). Collective scaffolding in second language learning. *Vygotskian Approaches to Second Language Research*: 33 – 56.

Ellis, R. (2003). *Task-based Language Learning and Teaching*. Oxford: Oxford University Press.

Foster, P. & A. S. Ohta (2005). Negotiation for meaning and peer assistance in second language classrooms. *Applied Linguistics*, 26 (3): 402 – 430.

Gass, S. , A. Mackey & L. Ross-Feldman (2005). Task-based interactions in classroom and laboratory settings. *Language Learning*, 55 (4): 575 – 611.

Hellermann, J. (2006). Classroom interactive practice for developing L2 literacy: A micro ethnographic study of two beginning adult learners of English. *Applied Linguistics*, 27 (3): 377 – 404.

Hellermann, J. (2007). The development of practice for action in classroom dyadic interaction: Focus on task openings. *The Modern Language Journal*, 91 (1): 83 – 86.

Hammer, J. (1991). *The Practice of English Language Teaching*. London: Longman.

Hellermann, J. (2008). *Social Actions for Classroom Language Learn.* Clevedon: Multilingual Matters.

Huong, L. (2007). The more knowledgeable peer, target language use and group participation. *Canadian Modern Language Review*, 2: 333 – 354.

Hussain, R. (2004). A collaborative learning experience of evaluating a web-based learning tool. *Malaysian Online Journal of Instructional Technology (MOJIT)*, 2: 67 – 72.

Johnson, D. W. & R. T. Johnson (1989). *Cooperation and Competition: Theory and Research.* Interaction Book Company.

Kayi-Aydar, H. (2013). Power relationships in classroom discourse: A multimode analysis. System, 41 (4): 899 – 910.

Kowal, M. & M. Swain (1994). Using collaborative language production tasks to promote students' language awareness. *Language Awareness*, 3 (2): 73 – 93.

Kowal, M. & M. Swain (1997). From semantic to syntactic processing: How can we promote it in the immersion classroom? in Johnson, K. & M. Swain (eds.) *Immersion Education: International Perspectives.* Cambridge: Cambridge University Press: 284 – 309.

Lantolf, J. P. (2000). *Sociocultural Theory and Second Language Learning.* Oxford University Press.

Lee, L. (2008). Focus-on-form through collaborative scaffolding in expert-to-novice online interaction. *Language Learning & Technology*, 12 (3): 53 – 72.

Leeser, M. J. (2004). Learner proficiency and focus on form during collaborative dialogue. *Language Teaching Research*, 8 (1): 55 – 81.

Lin, L. (2015). Investigating Chinese *HE EFL Classrooms: Using Collaborative Learning to Enhance Learning.* Heidelberg: Springer-Verlag.

Liu, X. & R. Long (2008). Teacher roles in information-gap activities. *US-China Foreign Language*, 6 (3): 15 – 17.

Long, M. H. & P. A. Porter (1985). Group work, inter language talk, and second language acquisition. *TESOL Quarterly*, 19 (2): 207 – 228.

Mackey, A. (2012). *Input, Interaction, and Corrective Feedback in L2 Learning*. Oxford: Oxford University Press.

Maybin, J., N. Mercer & B. Stierer (1992). Scaffolding learning in the classroom, in K. Norman (ed.) Thinking Voices: *The Work of the National Oracy Project*, London: Hodder and Stoughton: 186 – 195.

McGroarty, M. (1993). Cooperative learning and second language scquisition, cooperative learning: A response to linguistic and cultural diversity. *Delta Systems and Center for Applied Linguistics*, 8: 87 – 101.

Mirzaei, A. & Z. R. Eslami (2013). ZPD-activated languaging and collaborative L2 writing, *Educational Psychology*, 35 (1): 5 – 25.

Nabei, T. (1996). Dictogloss: Is it an effective language learning task? *Educational Linguistics*, 12 (1): 59 – 74.

Naughton, D. (2006). Cooperative strategy training and oral inter action: Enhancing small group communication in the language classroom. *The Modern Language Journal*, 90: 169 – 184.

Ohta, A. S. (2000). Rethinking interaction in SLA: Developmentally appropriate assistance in the zone of proximal development and the acquisition of L2 grammar. *Sociocultural Theory and Second Language Learning*, 4: 51 – 78.

Ohta, A. S. (2001). Peer interactive tasks and assisted performance in classroom language learning. *Second Language Acquisition Processes in the Classroom: Learning Japanese*, 5 (3): 73 – 128.

Philp, J., R. Adams & N. Iwashita (2014). *Peer Interaction and Second Language Learning*. Routledge.

Pica, T. (2013). From input, output and comprehension to negotiation, evidence and attention: An overview of theory and research on learner interaction and SLA, in M. Mayo (ed.), *Contemporary Approaches to Second Language Acquisition*. Amsterdam: John Benjamins.

Platt, E. & F. B. Brooks (1994). The "acquisition-rich environment" revisited. *The Modern Language Journal*, 78 (4): 497 – 511.

Plough, I. & S. Gass (1993). Interlocutor and task familiarity: Effects on interactional stucture. *Tasks and Language Learning: Integrating Theory and Practice*. Philadelphia: Multilingual Matters: 35 – 56.

Roehler, L. & D. Cantlon (1997). Scaffolding: A powerful tool in social constructivist classrooms, in K. Hogan & M. Pressley (eds.), *Scaffolding Student Learning*. Cambridge: Brookline Books.

Storch, N. (2001). How collaborative is pair work? ESL tertiary students composing in pairs. *Language Teaching Research*, 5 (1): 29 – 53.

Storch, N. (2002a). Patterns of interaction in ESL pair work. *Language Learning*, 52 (1): 119 – 158.

Storch, N. (2002b). Relationships formed in dyadic interaction and opportunity for learning. *International Journal of Educational Research*, 37 (3): 305 – 322.

Storch, N. (2004). Using activity theory to explain differences in patterns of dyadic interactions in an ESL class. *Canadian Modern Language Review*, 60 (4): 457 – 480.

Storch, N. (2007). Investigating the merits of pair work on a text editing task in ESL classes. *Language Teaching Research*, 11 (2): 143 – 159.

Storch, N. (2008). Metatalk in a pair work activity: Level of engagement and implications for language development. *Language Awareness*, 17 (2): 95 – 114.

Storch, N. & A. Aldosari (2012). Pairing learners in pair work activity.

Language Teaching Research, 17 (1): 31 –48.

Swain, M. (2000). The output hypothesis and beyond: Mediating acquisition through collaborative dialogue. *Sociocultural Theory and Second Language Learning*: 97 –114.

Swain, M. (2010). "Talking-it-through": Languaging as a source of learning, in R. Batstone (ed.) *Socio-cognitive Perspectives on Language Use /Learning*. Oxford: Oxford University Press: 112 –130.

Swain, M. & S. Lapkin (1998). Interaction and second language learning: Two adolescent French immersion students working together. *Modern Language Journal*, 82 (3): 320 –337.

Swain, M. & S. Lapkin (2001). Focus on form through collaborative dialogue: Exploring task effects, *TESOL Quarterly*, 35 (2): 99 –118.

Watanabe, Y. (2008). Peer-peer interaction between L2 learners of different proficiency levels: Their interactions and reflections. *The Canadian Modern Language Review*, 64 (4): 605 –635.

Wood D. & J. S. Bruner (1976). The role of tutoring in problem solving. *Journal of Child Psychology and Psychiatry*, 17 (2): 89 –100.

Yilmaz, Y. (2011). Task effects on focus on form in synchronous computer-mediated communication. *The Modern Language Journal*, 95 (1): 115 –132.

Zuengler, J. (1993). Encouraging learners' conversational participation: The effect of content knowledge. *Language Learning*, 43: 403 –432.

附录1　含有同伴支架的对话片段转写（部分片段）

片段1

25 – 01　A：在哪里付钱？

25 – 02　B：付钱……付钱，是什么意思？

25 – 03　A：钱，money（同时做出递钱的姿势）。

25 – 04　B：Pay？

25 – 05　A：Yeah, yeah, pay.

25 – 06　B：在收银台付钱。

片段2

118 – 01　A：打是亲骂是爱，不打不骂不，不……，嗯，……不是好人？

118 – 02　B：成才。

118 – 03　A：嗯（笑声），不成才，不打不骂不成才。我不赞成这个观点。有的时候孩子不听话，我们可以说服他，有比打，哦，打和骂，更好的办法。

片段3

285 – 16　A：那就来两份牛肉面吧！

285 – 17　C：好的，有没有忌口？

285 – 18　A：忌口？忌口？

285－19　B：就是你不能吃什么。我没有忌口。

285－20　A：哦，我不吃那个香菜。

285－21　C：好的，不要辣椒吗？那个……不要辣……

285－22　B：免辣。

285－23　C：好的，免辣。

片段 4

160－01　A：在我看来，跟团游的缺点很多。首先，我们会去我不想去的地方。其次，跟团游，导游提供我们的日程，所以我们不，不，不……

160－02　B：不能决定我们的日程。

160－03　A：啊，啊，日程！再次，我不喜欢跟陌生人旅行，有些难，难忍。最后，最后，……

160－04　B：最后，导游会让我们买我不想买的东西。

160－05　A：啊（大笑），你在山西的时候！总之，我们不喜欢跟团游。

片段 5

234－01　A：要想口语更流利，还是课后找个中国语伴比较好。

234－02　B：我同意你的观点。

234－03　C：你说得很有道理。

234－04　A：对，要找一个中国语伴。

234－05　B：对，但是他要说普通话，不是方言，还是北京话。而且要是他的英语，也很流利（就好了），就可以告诉我，有的地方，我不明白（的）。

234－06　C：对，我现在的语伴，对我帮助很多，在学习汉语的各方面。

234 - 07　A：没错，那我得找个会日语的中国语伴。

234 - 08　C：（笑）那不太难。我要找会德语的语伴，哈哈哈。可是，这样的话，我们可能德语说得比汉语多了。

234 - 09　B：我们聊天儿（的）时候，可以约定时间，一个小时汉语，一个小时英语。

234 - 10　A：对，也可以一次说汉语，一次说日语。

234 - 11　C：对，我们可以有一个规定。可以一边说德语，一边说汉语。要是太难了，我还是说德语，哈哈哈。

234 - 12　B：哈哈哈，找个中国人，他不会说德语，你没有机会（说德语）了，还是这样比较好，我觉得。

片段 6

89 - 01　A：你上个周末去哪玩了？

89 - 02　B：我的好朋友来北京了，我出席了她的 party。

89 - 03　A：出席？……出席会议……参加吧？

89 - 04　B：对，参加。会议，出席。我们还一块儿参加了另一个 party，在五道口。

89 - 05　A：出席是书面语。

片段 7

302 - 01　A：他着急了，最后没办法就回去宿舍拿书。

302 - 02　B：我觉得不对，宾语要放在两个词的中间，回去，回宿舍去，回去宿舍不对。

302 - 03　A：他回宿舍去拿书。

片段 8

245 - 09　A：……我特别想逛故宫。故宫里有许多文物，历史……什么什么久的文物？

245－10　B：历史很久……历史悠久……

245－11　A：啊，历史悠久的文物。就是人太多了！

245－12　B：那个词……人山人海的！（"人"发成了四声）

245－13　A：（笑声）昨天的听写！"人"？（纠正为二声）

245－14　B：人山人海！（"人"纠正为二声）

片段9

101－01　A：周末的时候，我喜欢睡懒觉，还是开夜车，看电影。

101－02　B：我喜欢逛街，还是和朋友聊天儿。"或者"？

101－03　A："或者"？

101－04　B：好吧。（笑声，转入下一个练习）

片段10

79－04　A：年纪大的，"老王"，还有"小王"，那，那，那中年的，不大不小的呢？

79－05　B："中王"？

79－06　A："中王"？

79－07　B：中年人，应该是"中王"吧。

片段11

19－01　A：在你们国家，真正的男子汉应该是什么样子？

19－02　B：在……（学生所在国），所有男生都要服兵役，服兵役会让男生变成男人，所以我们国家的男人都有男子汉气概。但是我们无论在哪里，都是lady first，男生一定要主动为女生开门、让座，否则就不是男生了。（继续阐述，持续1分30秒左右，仍未结束）

19－03　A：（在B停顿时间稍长，但仍未结束阐述时插入）

嗯，我们也要服兵役，但是好多男生都是大男子主义，我觉得有大男子主义的人都不是真正的男子汉，我很讨厌这样的人。（面对 C）小安，你们不用服兵役吧？但是男生小时候都要去寺庙对吗？

19 - 04　C：我们也要服兵役，但我觉得这和是不是真正的男子汉没什么关系。（开始发表自己的看法）

片段 12

193 - 01　A：嗯，老师让我们做什么？用这个词造句？

193 - 02　B：用这个词讨论。讨论为什么考试以前会四脚朝天。

193 - 03　C：四脚朝天是什么意思？摔倒了？

193 - 04　A：就是特别忙乱，像摔倒了一样。

193 - 05　C：那我每次考试以前都四脚朝天。

193 - 06　B：因为考试太难了！

片段 13

300 - 01　A：在中国买东西，有哪些优点和缺点？

300 - 02　B：在中国买东西，很便宜。

300 - 03　A：对啊。

300 - 04　B：但是，在中国，去商店要微信，对日本人，用微信买东西很难。中国有 LINE 吗？

300 - 05　A：好像没有。

300 - 06　B：怎么用微信买东西？是不是要有卡？银行卡？

300 - 07　A：在中国，可以用银行卡买东西吧。我觉得商品的质量不太好。还有什么缺点？

300 - 08　B：收银员的态度真不好，真的不好！

片段 14

164 - 01　A：你喜欢去哪儿玩儿？

164 - 02　B：我喜欢旅行，去参观名胜古迹。

164 - 03　A：你喜欢什么地方？

164 - 04　B：比如说长城、故宫、颐和园、天坛。你呢？

164 - 05　A：我喜欢去看电影。

164 - 06　B：那你喜欢……（被打断）

164 - 07　A：我喜欢美国、英国的电影。

164 - 08　B：嗯，中国的呢？

164 - 09　A：中国的电影他们说得太快了，听不明白。

164 - 10　B：我也不明白。因为你喜欢看美国和英国的电影，你去过美国和英国吗？

164 - 11　A：我去英国的时候是跟团游，非常麻烦，有很多人，有很多我不喜欢的人。

附录2　合作学习对话转写（部分对话）

对话1

245－01　A：这个周末你有时间吗？

245－02　B：我有时间，你想去哪里？

245－03　A：去故宫。

245－04　B：故宫，为什么？

245－05　A；我的专业是中国历史，所以我特别想游览
故宫。

245－06　B：逛故宫？

245－07　A："逛"是口语，"游览"是书面语。

245－08　B：（笑声）对对对，那还是逛故宫吧！

245－09　A：（笑声）所以我特别想逛故宫。故宫里有许
多文物，历史……什么什么久的文物？

245－10　B：历史很久……历史悠久……

245－11　A：啊，历史悠久的文物。就是人太多了！

245－12　B：那个词……人山人海的！（"人"发成了四声）

245－13　A：（笑声）昨天的听写！"人"？（纠正为二声）

245－14　B：人山人海！（"人"纠正为二声）

对话2

29－01　A：我们的汉语考试快到了，你准备得怎么样了？

29－02　B：哦，我准备得……还可以，有一点困难，因为

我在香港说粤语，就是广东话，来到北京，我的普通话不是太好，不够流……流……

29 - 03　C：流利。

29 - 04　B：对，不够流利。你们知不知道怎么样可以提高你的口语？

29 - 05　A：对，因为我是新西兰人，所以我觉得口语是更难的，因为要是我想练习写汉字，我可以自己做。但是说汉语，还是听汉语，需要有别人。但是在北京，很多人说北京话，不明白，哎！

29 - 06　C：是啊，如果他们说普通话，他们也说得太快了！我也一点儿都不明白。

29 - 07　A：所以这是我最大的困难。呃，你呢？（对着 C）

29 - 08　C：哦，我，我也是汉字，尤其是写汉字的时候，有很大问题。所以我找了一份 fen dan，去学汉语的字。

29 - 09　B：fen dan？

29 - 10　C：就是这个（拿出一本书，是汉字方面的练习册）。

29 - 11　A：啊，这个不错。我可以看看吗？

29 - 12　C：没问题。你们找语伴了吗？

29 - 13　B：我还没有，但是我想找一个，互相帮助，互相说中文。如果你想找一个语伴，你希望他是什么样的人？

29 - 14　A：可以跟我开玩笑的，必须得幽默。

29 - 15　C：为什么？

29 - 16　A：因为开心的时候学习，更有效率！（率发成了路的音）

29 - 17　B：效率（率的正确发音）。

29 - 18　A：啊，效率（率的正确发音）。

29 - 19　C：哈哈，我希望是一个女生，昨天老师教给我们的，（翻书的声音）"男女搭配，干活不累"！

29 – 20　B：哈哈哈，你不是有女朋友了吗！

29 – 21　A：哈哈哈，我们一定会告诉她的！

对话 3

67 – 01　A：昨天你怎么了？怎么没来上课？

67 – 02　B：我不舒服，我……体温（做出体温计放在腋下的动作）

67 – 03　A：量体温。

67 – 04　B：对，量体温。

67 – 05　A：怎么样？发烧了吗？

67 – 06　B：发烧……发烧，什么意思（翻书的声音)？我体温特别高，39 度了！

67 – 07　A：发烧就是体温高，你发高烧了！

67 – 08　B：对对，我发高烧了！

67 – 09　A：今天怎么样？体温正常了吗？

67 – 10　B：哦，今天，37 度 5 了，不发高烧，但还不正常，还发烧，不舒服！

67 – 11　A：啊，你在发低烧！

67 – 12　B：哦哦，我发低烧，我还是不舒服！

67 – 13　A：可是你还是来了！（开玩笑的，假装大声咳嗽)，我被你传染了！

67 – 14　B：传染？传染？（翻书的声音）

67 – 15　A：就是你感冒了，你，离我这么近，我，我也发烧了！

67 – 16　B：哈哈哈（大笑）你传染我了，我传染你了……

67 – 17　A：是你传染我了，我被你传染了。

67 – 18　B：啊，我传染你了，那你不用写作业了！

对话 4

285 - 01　B：你想吃什么？美国特色菜还是中国特色菜？

285 - 02　A：哦，随便，都行。比较快的吧，那是什么什么……

285 - 03　B：哦，那还是中式快餐吧。

285 - 04　A：哦。中式快餐，快餐。（练习该词的发音）

285 - 05　B：因为我们现在在中国，我们还是应该点中式快餐。

285 - 06　A：哈哈哈，好的。那我们打电话吧。

285 - 07　C：你好，这里是，这里是，哈哈，李先生快餐，哈哈哈。

285 - 08　A：哈哈哈，那个牛肉面的餐馆儿（B、C 同时笑），你好，我想打包，去我的宿舍。

285 - 09　B：对，打包，送到我们的宿舍。

285 - 10　A：啊对，送到我们的宿舍。

285 - 11　C：好的，你们想点几个，不对，几份（发成二声）快餐？

285 - 12　B：几份（四声）快餐吧？

285 - 13　C：哦，你们想点几份快餐？

285 - 14　A：两份，想点一份炒饭，还有一份饺子，水饺。

285 - 15　C：哈哈哈，我们这里是牛肉面！（三人同时大笑）

285 - 16　A：那就来两份牛肉面吧！

285 - 17　C：好的，有没有忌口？

285 - 18　A：忌口？忌口？

285 - 19　B：就是你不能吃什么。我没有忌口。

285 - 20　A：哦，我不吃那个香菜。

285 - 21　C：好的，不要辣椒吗？那个……不要辣……

285 - 22　B：免辣。

285 - 23　C：好的，免辣。你们在哪儿，我怎么过去？

285 - 24　A：这个我可以告诉你。你出门后左转，然后往前走，在这儿，这儿要右转（指着地图上的十字路口，但不知道怎么说）。

285 - 25　B：十字路口。

285 - 26　A：在十字路口要右转，可能 100 米？

285 - 27　B：对，100 米，到了第二个十字路口。

285 - 28　C：第二个十字路口，有桥……桥的？

285 - 29　B：对，过街天桥。

285 - 30　C：啊，第二个十字路口，过街天桥。

285 - 31　A：然后 200 米，往前走，你会到一个丁字路口，你在那个边儿（不确定的语气），我们在那里等你。

285 - 32　B：靠那个边儿？

285 - 33　A：你靠那个边儿，我们在那里等你。

对话 5

164 - 01　A：你喜欢去哪儿玩儿？

164 - 02　B：我喜欢旅行，去参观名胜古迹。

164 - 03　A：你喜欢什么地方？

164 - 04　B：比如说长城、故宫、颐和园、天坛。你呢？

164 - 05　A：我喜欢去看电影。

164 - 06　B：那你喜欢……（被打断）

164 - 07　A：我喜欢美国、英国的电影。

164 - 08　B：嗯，中国的呢？

164 - 09　A：中国的电影他们说得太快了，听不明白。

164 - 10　B：我也不明白。因为你喜欢看美国和英国的电影，你去过美国和英国吗？

164 - 11　A：我去英国的时候是跟团游，非常麻烦，有很多人，有很多我不喜欢的人。

164 – 12　B：哦，所以你觉得自助游比较好？

164 – 13　A：对，我喜欢自助游，你可以交你想交的朋友。

164 – 14　B：但是我觉得跟团游让我省心，省钱，准备得也不麻烦。而且跟团游，还可以跟一个导游出去玩儿，他可以让你了解一些文化的（内容）。

164 – 15　A：但是你总是要按照导游的时间，很不自由。

164 – 16　B：那省心啊，特别是到了那个历史悠久的名胜古迹，没有导游，不能明白。

164 – 17　A：但是我们可以买那个，那个，那个 audio guide（查手机词典的动作），对，那个语音导览。

164 – 18　B：那个只能在景点里，人的导游可以帮助我们安排日程，更省心。

164 – 19　A：跟团游一点儿都不省钱，还是自助游便宜，你可以找便宜的酒店和交通工具。

164 – 20　B：但是那样很不舒服，住得不舒服！我要是睡不好觉，根本没法玩儿！

164 – 21　A：（笑声）你太娇气了，像女生一样了！不过，要是去外国，哪里都不熟悉，还是跟团游比较放心，我去美国的时候就是跟团游，比较省心。

164 – 22　B：对，咱们去山西的时候，那个导游介绍那些佛教的知识，我觉得收获很大。要是你去我的家乡墨尔本，还是我带你自助游吧！

164 – 23　A：哈哈哈，好的！

164 – 24　B：比较熟悉的地方还是自助游更省钱，更省心。

164 – 25　A：对。

对话 6

151 – 01　A：我的钥匙丢了，找不到了。因为我昨天去洗衣房的时候，忘记检查口袋了。

151-02　B：我的钥匙丢了，因为放在钱包里，坐地铁的时候落在车上了。

151-03　A：进不了宿舍，我只好跟室友打电话，真是急死了，要是室友在房间里就好了。

151-04　B：进不了宿舍，我只好去隔壁宿舍，但是隔壁也没有人，我都快饿死了，要是提前买点儿吃的就好了。

151-05　A：可以去（宿舍）一层的阿姨那里借。

151-06　B：可以跟室友打电话，她快点儿回来。

对话7

181-01　A：我认为是科学的发展造成了鱼类的危机。鱼类危机是一个十分严重的问题，

　　这与科学发展的关系十分密切。我们一直认为鱼类资源是取之不尽的，但是，随着科学的发展，从大海中捕捞鱼类变得越来越简单。由于这些动物，尤其是鲨鱼带来的巨大经济价值，他们常常会遭到人类的滥捕滥杀。

181-02　B：你的观点只说到因为科技的发展造成了大量鱼类的灭绝。但环境是不断变化的，也有很多其他的原因使得鱼类灭绝。比如说，由于环境的变化，让一些动物不能适应环境，就逐步走向衰落。比如大约一万年前，第四冰河期结束，全球气候迅速变暖，猛犸象，还有一些其他的鱼类来不及适应环境，从而导致了大范围的死亡。另外，还有一些动物处于食物链的末端，繁殖缓慢，最后随着时间的发展，逐渐被大自然淘汰掉了。

181-03　A：我并不反对捕捞鱼类，但是，应该在发展渔业市场的同时，也保护这些动物，否则，它们走向灭绝的命运已经注定了。

181-04 B：另外，还有一些动物处于食物链的末端，繁殖缓慢，最后随着时间的发展，逐渐被大自然淘汰掉了。

181-05 A：总之，我认为是科学发展造成了鱼类的危机。

181-06 B：总之，我认为，科学发展不是造成鱼类危机的唯一原因，还有其他原因，比如环境变化、优胜劣汰。

对话8

96-01 A：从宿舍到超市怎么走？

96-02 B：先直行，直行大概100米，然后到十字路口，……。

96-03 A：对，也可以……（试图插话，未成功）。

96-04 B：（停顿，但不予理会A的内容，继续自己阐述）往左拐，然后继续到丁字路口，往右拐，到第一次的十字路口，往左拐，然后直行，超市在你的左手边。

96-05 A：啊，这样也可以。用多长时间？

96-06 B：大概10分钟。

96-07 A：10分钟？（怀疑的语气）15分钟的话……（被B打断）

96-08 B：10分钟！骑那个黄色的自行车，不太远。

96-09 A：啊，不太远。

对话9

34-01 A：怎么保持一颗平常心？我觉得挺难的，比如说我旁边的同学，汉语都学得比我好，虽然是一起学汉语，他们都说得更好，这个时候，我就不能保持一颗平常心。你们觉得呢？

34-02 B：不能。

34-03 C：其他的人都更好，不愿意和我交流了……（被

A 打断）

34 - 04　A：那我就没办法了。这个时候我的心（态）就不平衡了。你们觉得有什么好的办法，保持一颗平常心？

34 - 05　B：哦，哦……听音乐。

34 - 06　C：运动，跑步。

34 - 07　A：没有高的期望值，最重要了，这个，（挺）难的。有的时候。我对自己没有高的期望值，但是我的朋友和家人有，这就不平衡了。但是有的时候，他们没有对我有高的期望值……

34 - 08　B：期望值？值是什么意思？

34 - 09　A：但是我自己对自己有高的期望值，这也是个问题。还是自己的想法最重要，我觉得。你们觉得呢？

34 - 10　C：嗯。

附录3 国际中文课堂合作学习访谈
教师提纲

• 您的国际中文口语课教学经历有哪些？您为什么要在课堂中实施双人结对儿或三人小组的分组活动？

• 您认为什么活动适合用分组的形式完成？依据教材还是自己设计？为什么？

• 您认为在口语课堂上，设计与开展分组活动是必要的吗？为什么？

• 教师在分组活动前、活动中、活动后应该做什么？

• 您如何保证分组活动中的相互性？您是否有意识地教给学生互动策略？

• 您如何保证分组活动中的平等性？每次活动多长时间合适？关于小组成员的人数、国别、是否固定等设置，您有哪些考虑？为什么？

• 您认为分组活动对学生口语产出和口语能力的提高有什么帮助？您希望通过分组活动提高学生哪些方面的能力？

• 对于分组活动的安排和实施，您有什么困惑？您认为还存在哪些问题需要注意或者改进？

附录4 国际中文课堂合作学习访谈学生提纲

• 你的年龄、国籍、学习汉语或者其他外语的经历与年限、HSK 水平？

• 你以前和现在的汉语、外语学习课堂上的分组活动有哪几种？（小组、结对儿等）

• 你喜欢哪种形式的分组活动？为什么？你觉得哪种最有利于你的汉语学习？

• 你希望和什么样的同伴交流（同一国家或不同国家；语言水平低于或超过自己；好朋友；固定还是不固定）？和同学的交流多长时间合适？交流时是否借助母语、英语等媒介语？

• 和同学交流时会注意自己的发音、语法、词汇、语音等问题吗？你希望同学纠正你的错误吗？为什么？如果发现对方的语言错误，你会纠正吗？讨论中遇到语言困难，是问同学、查字典，还是问老师，为什么？

• 你和同学交流时希望老师在旁边听或者介入吗？和同伴交流结束以后老师每次都检查吗？怎么检查？你希望老师在课堂活动之前、之中、之后做什么？

• 你认为在口语课堂上与同伴之间的汉语交流，是必要的吗？有助于口语或者汉语学习吗？

• 你对分组活动有哪些喜欢或不喜欢的方面？你觉得现在口语课堂分组活动存在的最大问题是什么？

附录5 访谈 D 老师录音转写文本（节选）

访谈形式：线下，面对面

注：访谈者为研究者本人

访谈者：吴老师，想先请教您一下您口语教学的经历，您都教过什么级别，多长时间？

D 老师：我从初级到高级，一本没落地都教过，所有的都教过，我从初级开始教起的，之后在高级上一直固定，近几年主要是高级。

访谈者：您中级的教过吗？

D 老师：教过，更多的是教的中口二，一二三教得少，二教得多。

访谈者：中口二和高口二？

D 老师：对，长期班教的是初口，之后往上一直走到了高级停下来。

访谈者：更要感谢您了，听您这么说，因为您是我非常想访谈的对象，因为我这个关注的，可能还是中级和高级的口语课，我想先请教一下您，吴老师，您觉得中级口语课和高级口语课上分组的任务还有这个状态整体的您觉得一样吗？

D 老师：目标我觉得是一样的，就是老师们希望的还是能做到他们分组的更多。但是中级和高级应该还是有差别，中级可能老师有意控制的要更多一些，因为限于他的语言水平还有教学重点，要有意地控制更多，高级可以稍微开放一些，但是也要强调教学的难点，要让学生不要回避。但是之外还要加一些开放的东西，让他们去做活动，我觉得这点差别是有，但是目标是一样的，让他们多做一些活动是为了促进教学目标、达到教学目的，是这样的。

访谈者：刚才您说到，就是中级可能老师控制得多，就可能语言形式上？

D老师：对，语言形式语言重点，不一定光是形式，比如词汇，哪一课都有重点的词汇，口语词汇或者短语或者句式这些是重点，老师心里要特别有数，语言点，学生的难度，学生的水平是什么的，老师应该清楚，因为老师控制他们在分组的时候，也要注意有些学生比如水平稍微高稍微低的时候，老师要中间多把握，那个是要把握得更小心一点。高级容易放开，但是想办法收。

访谈者：因为您提到这个"控制"和"收"，其实都是一个老师的把控问题，对这个也是我研究中想明白的，因为我自己的经历，就是比如说经常有的练习，就是你给的是一个任务，希望他在这个任务当中用上这些，但是我发现他跑题或者回避了，这个您怎么处理怎么看？

D老师：课堂中间我会提示他们，会有意地控制，比如他做的时候，没有用到这个词，我会点一点书上的提示，或者把重点写在黑板上，用各种方式把语言重点标出来让他明白，但是学生有的时候，他自然地会话的时候，会忘了这个事。然后我在考试的时候，像今天，就是分析期中考试嘛，他们就真正明白。我为什么给他们这个成绩这么低，那个为什么成绩高，因为他有评分标准嘛，每个评分标准也会包括难度分，包括内容分，包括准确度，包括流利度。那个准确度，就是他不能回避的语言形式，他就知道这部分还这么重要呢，他以后就注意了，等于后半学期，他更要注意老师怎么去控制他。

访谈者：那其实在学生这种自由会话的时候，您还是比较提示他们？

D 老师：对，如果他们飘，会提示，有的时候太嗨了，（学生）自己也会有点忘，但是我会到最后有提示，会想着他们，或者到最后，我自己再做练习打分的时候，我给用了语言重点更多的同学，用到了难度高的这些东西，我做的记录分数会高，所以我讲评的时候他会问，老师为什么我们讲得都挺好，我们是一个组，为什么他的分数会高？我就会说因为他用了这些语言点，用了这些重点的词或者句式，或者他的连接用得好，或者他听别人回答之后，他有一个衔接，不是光说自己的。

访谈者：因为他会话是要有衔接的嘛。

D 老师：对，他们就忽视这个，有的同学问老师我 79，怎么这么低，然后我说因为你生病扣了一些分。

访谈者：小安（学生名字）？

D 老师：对，还有一个你（指"小安"，本段同）的实际水平语言水平，是咱们班最高的，我说你根本不好好准备，你课文的重点没掌握，老师要听写你要准备的东西，（你）没好好准备，你重点没好好准备的话就不知道，不是每课有提纲发一张篇子，都是每课的教学重点，他说行，现在还来得及吗？我说，什么时候都来得及。

访谈者：您这个办法挺好，就是在考试中让他们注意？

D 老师：让他们更明白，之前提示，他们不在乎，有的同学认为没关系。

访谈者：这个就是涉及这个课堂上的监控问题，因为课堂上的这个分组活动之后。

D 老师：老师要总结嘛。

访谈者：对，说到总结这个点，就是在这个任务前、任务中和任务后，就是任务之后，您一般会让每一组都要去展示，还是就是在课堂上？您通过什么样的办法，让他们引起重视？

D 老师：课堂上是这样，一定要在他们做活动之前，应该把这个事情说清楚，要求是什么，让他们先明白。我先把要求提出来，学生有的时候在做的时候，忘了这个事情，但是，我前头不说清楚的话，他们讨论中肯定就是根据当时的情况，就嗨起来就完了。但是，提前要说明好，它的要求，这是我要展示的，把重点写在黑板上或者手里有篇子，或者那个题目让他把重点读一下这样的。中间的时候他们做的时候他们随便说，但是我限时，有时间限制。

访谈者：您会有明确的限时？

D 老师：对，比如现在讨论 5 分钟、10 分钟，我会在下面转，因为有的时候他在旁边干别的，转的时候如果听到他们会话中间出现的错字错句，或者听到很好的句式，就写在黑板上。

访谈者：但是您不会打断他们？

D 老师：他们讨论的时候不打断，除非他要有什么不会，问老师应该怎么说，我先听着，因为要给他们点时间，他们也会互相校正，让学生会话的好处，就是像同伴互评式的，然后那个时候我就监控，就看着就行了，然后稍微注意一下，把重点提炼出来，也鼓励一些说得好的，或者努力认真的组把他们一些重点的好东西放在上面，但是如果发现他们有错的也写在黑板上，但是不要伤他们面子，不要说是谁说的，他们都说完了以后停，最后监控总结的时候，就说刚才你们说的时候说得挺好，现在黑板上几个词跟我读一下，正正音这是小的，有几个词挺好的，如果真的我知道这个词是谁说的又说得好，我就可以说这是谁说的词，然后他说得不错，然后用到的好的句式的时候，也可以夸赞一下这组做的语言点用得好，这组发音好，这组内容好，会有一点儿评点，有的时候因为时间有限，这个环节会淡化了，但是这点本来是应该很重要的一个，老师事后的讲评。他们讨论完以后会让他们每个组有代表陈述一下比较好，然后再讲评。

访谈者：所以这个会话的话还是在他们活动进行中？

D 老师：对。

访谈者：任务之后比如找某一个人提观点，根据您听到的错误进行总结？

D 老师：对，因为中间评的话，容易影响其他组，他会按照老师评点的感觉去转。

访谈者：对，吴老师您这个办法真是挺好的，因为我访谈学生专门问过他们，我说你们聊着的时候希望老师做些什么，然后好多学生都因为有的老师会转，转了之后就停，可能有的学生会紧张，很多学生也不希望老师打断他们。

D 老师：打断有点让他们那个受挫，本来聊得挺好想这么着，老师一打断，老师在听，有点小心。

访谈者：就是感觉不太好了。

D 老师：对。

访谈者：然后有一个学生就说特别希望老师转，就是别停，然后呢我要是举手他赶紧过来。

D 老师：对，学生（希望我们）召之即来挥之即去，这种感觉有一点，不要给学生压迫感。

访谈者：对，而且学生也特别提到，希望这个老师最后把大家错误总结到就是您说这种。

D 老师：一定要总结，老师还有一个重要的角色，就是在每个组里有的学生是一个人占着话语权，老师是需要控制的，你说得挺好挺好，你来说说，是这样。给他调一下，让别的学生来说，给别的学生机会，这是老师的权威，有的学生不好意思抢，到最后挺生气的。

访谈者：是，影响气氛了。

D 老师：老师需要平衡节奏，控制一下他们说话的比例。

访谈者：吴老师，说到这个，因为我看了不少文献，就是说在这个双人或者小组活动当中平等性和互动性可能是两个很重要的维度，正好您也提到了就是这个平等性，您怎么处理？

D 老师：我有意地看一下每个学生，有没有说话或者什么的，或者我会说要求的时候，这组总结的时候，要求每个人都说，他就知道，我要每个人都要说点儿，而不是只让一个人代表。有的学生就觉得我躲着就行了，反正我们组有代表，他就不说了，就互动得更少，（所以我）要求代表发完言，其他同学补充一下。考试的时候，让他们控制平等性，（就）是在最后一道题陈述一个观点，说一个观点那个，要求每个人先说两分钟，然后再讨论，剩下的时间讨论。所以先说两分钟，是必须每个人做的，要不然我开始说讨论吧，爱说的就像小安，后半天给大家点儿时间，（他）把最好的说完了。所以，我现在按照每人说两分钟自己准备好的，稍微想一下，哪怕是课前没有准备的，但是你捋一下思路，然后你两分钟说完，每个人说完以后，他们讨论的时候，不是要看他们的互相接话和听观点总结的能力嘛？都在里面了，所以我觉得，这个是能体现平等性的。

访谈者：就是其实这个平等性，更多的可能有的时候，需要老师的把控。

D 老师：特别需要，老师这个平等性把握，也是很重要的，因为我们以前看老师的评估，好多学生对老师（给的机会）不平等的问题，印象特别深。他可能没说，但是他能感觉到老师对谁更偏爱。或者实际也许是老师没把握好这个控制度，但是他就认为，老师把机会更多地给了别人。

访谈者：吴老师，我观课的时候注意到这个，老师可能注意不到。我印象特别深，有一次坐在我旁边这个学生，他在一节课当中连续被提问到了四五次，然后他旁边那个只问到了一次，这个我觉得老师可能有的时候意识不到。

D 老师：是这样的。好多年前有一次，有一个学生在教学评估的时候写一个主观意见，写的是，老师我觉得你对我们太公平了，这么写的。然后我一看这句话特别好，我觉得特别高兴，因为我觉得，他们看不出来这个公平性，但是我自己心里是希望有公平性的，后来我说你们觉得老师对你们公平是太严格还是什么？他说不，老师不容易，但是他说（老师）做得好，我说那就行。挺好的。

访谈者：太好了，吴老师，这一点太好了。其实我觉得，在分组活动当中，就像您说的，保证双方的话语的量啊，要一样多。

D 老师：控制一下，鼓励一下那个水平不高的，一般来说控制一下水平特别高的孩子，这样等于给别人自信心，因为孩子们就怕语言（水平）有差别，他本来就觉得我不如他好。

访谈者：真是特别明显地感到您看我研究的分组活动，虽然它的主体是学生，但实际上我觉得老师这个角色极其地重要，从任务到形式，中间的监控、事后的把控都是老师在弄。

D 老师：老师是得起好多的作用。

访谈者：吴老师，刚才咱们提到平等性，现在说说这个互动性，不知道您注意到没有，就是有的时候会碰到两个人虽然一组了，实际上他们在各说各话，实际他没有在合作。所以吴老师我想问问您这个怎么处理的？

D 老师：我为什么说高口三好（注：教材简称），这本书里面专门有一个语言与交流的环节，叫提问，比如怎么去表达，怎么去接话。

访谈者：这实际上是互动的策略？

D 老师：对，我觉得这本书这个环节，交流与讨论，它的题目是交流与讨论，它前面有关于语言形式应该怎么用。学生特别爱用"我赞同你的看法"是这样这类的，语言要点与操练，它有这个环节。这个是高级教材特别好的方面，怎么表达见解，怎么驳回别人的观点，怎么赞同意见。学生学完这个之后能用这个策略，我告诉同学们，说完以后要有反馈，反馈的时候怎么说，要"冒昧地问一句"这样的。学生学完之后特别高兴，习惯性地别人说完就会说"我非常赞同你的看法"。

访谈者：吴老师您怎么让他们能够在会话当中，有意识地用这些（互动策略）？

D 老师：讨论之前，要看这个语言操练的部分，让他们把这最重要的句子读一下，表达观点时用得上的，然后开始讨论，他们会想到，讨论的时候可以接上这个话的，是有要求。

访谈者：我确实感觉到，可能这些互动的策略，需要老师有意识地去引导和提示。

D 老师：对，而且考试的时候，我告诉他们，我说你们各说各的两分钟之后，你们之间的讨论，是算分数的，我说如果接话接得不对，或者别人说的没好好听，怎么接这个话？我说这个时候有分数就能体现出差别，他们就知道有要求。有这个训练，平常上课的时候就知道这个是重要的，他倒不光是为了分数，就变成习惯。老师要强调。

访谈者：好的，吴老师，刚才是问得是比较具体的，现在问一些最后几个总结性的问题，就是在中级和高级希望您可以一起考虑的回答，在中级和高级上给学生安排这种让学生之间互动的任务，对学生汉语的促进到底在哪些方面？

D 老师：我觉得他们应该是借助学生（之间）的语言能力和自己的语言能力一起快速提高，因为学生之间的那种话语理解，比老师有的时候直接教他的要更快，而且他们思考角度相似，有的时候会提高得更快。所以我觉得通过分组，他们（能有）更多的互动，能够提高他们的学习效率。

访谈者：能提高学习效率？

D 老师：对，能提高。

访谈者：刚才您提到了，您觉得对他们的互动策略上，您感觉有提高吗？

D 老师：互动策略，就看老师的把控。老师必须要引导，老师引导之后他们能提高，老师要不引导，他们还是原样不变。他们就根据性格来了。

访谈者：对，您刚才跟我提到，分组活动之前，个人的沉默思考是非常重要的？

D 老师： 对。

访谈者： 口语课堂上的沉默有的时候不一定是没有用的。

D 老师： 对，他需要考虑啊，不可能马上就答。

访谈者： 就说分组啊，我（上课时）从来没让他们沉默过。

D 老师： 对，因为你这么巧问到，我想起这个，我也应该（在）我的课堂有意地应该加一点这个时间，除非你课前布置过，让他们准备了，然后你开始讨论也行。如果没有准备，现实马上准备开始的话，给他一点时间好。

访谈者： 好的，吴老师，想请教您，您觉得现在课堂上的两人或三人之间的会话活动，还有哪些是可以改进的地方？

D 老师： 我觉得对于我个人来说，应该还是不要忘了控制时间，其他我觉得还好，因为我特别有意识注意这些，但是我自己个人的缺点就是，有的时候因为学生一嗨，我也高兴了，有时候忘了时间（掌控）的要求，或者他们讨论得太好了，我就放任了，但是按正常的课堂教学节律来说应该把控好，学生也会习惯性地按照这个节奏来走。

访谈者： 给他养成一个时间的习惯。

D 老师： 对，时间的习惯。

访谈者： 如果老师也不管，学生更不会管。

D 老师： 对，我有一个高级班容易这样，就过去了，确实挺快乐，但是时间上还是应该再控制一下，对我来说，我觉得应该再控制一下更好。

访谈者： 中级班上控制得很好？

D 老师： 中级班容易控制。

访谈者： 其实说到时间控制上，我觉得是两块，一个是他们聊的时候，再一个他们聊完之后监控的时候，您觉得多长时间比较好？

D 老师： 比如他们自己讨论的话，是 7～8 分钟的时候，我会用

3 分钟做总结，然后如果要是说让他们讨论完又陈述的话，那就小组 5 分钟，能给他说完，包括其他人的回答，因为我希望的是他说完之后，别人要提问。

访谈者： 就是一组从阐述到回答问题，就是给他 5 分钟？

D 老师： 不是，阐述一般 5 分钟，加上回答问题 3 分钟，8 分钟了吧，再加上老师的点评或者是什么一共 10 分钟。

访谈者： 每组 10 分钟？

D 老师： 10 分钟最好，如果万一这个话题比较难，或者他们准备得比较丰富，延到 15 分钟以内，别再长了。

访谈者： 可能 10 分钟是比较好的？

D 老师： 对，10 ~ 15 分钟，10 分钟好。

访谈者： 其实老师这个在实践中挺难做的，学生说着说着都挺高兴的，也不忍心打断。

D 老师： 对，但是你要不上这个表真的不行，就忘了，或者有的组就觉得不公平，或者前面组讲了好多，后面快下课那个组讲得很少，他就觉得他们的时间不够，没有表达充分，尤其要算分的话他就不干了。所以我现在给他们就是我把分数要求提前说好，就是我说你可以超了，但是我会扣分了，他也就会明白了。

访谈者： 好的，最后还有一个想明确一下的问题，老师给什么任务是特别重要的？您刚才提到，就是互动性强的任务，讨论性强，然后可能观点差异大的，在中级的话，您是不是也是做这样的考虑？

D 老师： 中级一般讨论，跟这个学这课话题最相关容易讨论起来的，就是让他们能多用语言点，多用这种词汇来说，就可以了。

访谈者： 吴老师，您看我可不可以这样理解，如果您想让学生更加关注语言形式，您可能给这种针对性更强的练习，更合适一点儿，虽然说交流了讨论这种话题性强的，他有的时候其实更容易自己放开，他就回避了，这是一个矛盾。

D 老师： 这个必须做的，就是聚焦的练习，聚焦练习每课都有啊，也是每课可能是最重点的。

访谈者：其实就是形式聚焦练习对吧。

D 老师：对，形式聚焦，每一课都有。就是句式表达嘛，高级的这个练习是特别重点的练习，这个是必须做的每一课练习，然后根据讨论时间长短，再布置话题。

访谈者：这个做得特别好，还是跟老师的设计有关系。

D 老师：对，有关系。

访谈者：在这样交流性强的话题当中，怎么进行形式聚焦呢？

D 老师：下面一定要加提示词语和提示。

访谈者：就是让它针对性更强，可能让学生那样的话，还是更多的意义输出，对吧。

D 老师：对，所以那样的练习，我们一般还加笔头作业，内容加笔头，口头和笔头结合，一起都要做，交流讨论不一定要写个稿子，学生讨论就行了，但是因为知道是重点，他必须当作业做。

附录6 访谈 S11 学生录音转写文本(节选)

访谈形式：线下，面对面

注：访谈者为研究者本人

访谈者：好的，小美，我想先请你回忆一下，所以你在来到××大学之前，你的汉语是不是就到中级水平了？

S11：对，五级。

访谈者：学了一年就考五级了，你很棒啊。在××大学学汉语的时候，课堂上同学们之间的交流多吗？

S11：也多。

访谈者：和现在的课堂相比呢？

S11：差不多，一样。

访谈者：那个时候课堂上同学之间的练习，你感觉怎么样？

S11：那时候我们没那么多机会跟同学聊天，对，因为汉语水平还不够，但是老师会让每个人说，然后说一句话，然后别的同学回答我，所以老师会给我们句子，然后我们就再说一遍，对。

访谈者：所以那其实更多的还是和老师的交流，是吗？

S11：同学和同学，但是老师告诉我们说什么。

访谈者：你觉得那样算是互动吗？

S11：我觉得最开始那时候，看我们的那个汉语水平，那时候的汉语水平那样，是最好的办法。

访谈者：是这样啊，那其实你发现现在来××大学，因为你的水平也在提高嘛，你觉得现在的同学之间的交流，和以前相比有什么不同？

S11：现在我会自己想一想说什么，然后就说那时候不是这样。

访谈者：现在是不是感觉，有什么想法都可以很完整地表达出来是吧？

S11：对，因为去年我们说什么，就是这是手机这是什么什么的，但是现在我们可以关于一个……

访谈者：对，就是你们对于手机的了解，可以说出更多的话来。

S11：对。

访谈者：那口语课堂上同学们之间的交流，你觉得两个人比较好，还是三个人四个人更好呢？

S11：两个人比较好。

访谈者：为什么？

S11：因为有更多的机会说，因为比如说四个人，这个时间就会除以四。

访谈者：是不是觉得两个人的交流，可以有机会说更多的话？上一次上课，你们就是三个人，觉得那样怎么样？

S11：这个也可以。但是两个人比三个人好，三个人比四个人好。

访谈者：人越少越好是吗？

S11：对。

访谈者：我可以这样理解吗，你还是喜欢两个人的？

S11：嗯。

访谈者：好的，两个人一组，最有利于你表达汉语是吧？

S11：对。

访谈者：好的，那你现在可不可以想想，就是当这种两个人的或者是三个人活动的时候，你们完成什么样的任务最多？比如说某一个两个词有什么不同，我们交流一下，还是说，我对这件事情有什么看法，我和你有不同的观点，你觉得什么样的活动比较多？

S11：很多时候，是我们关于这个有什么看法？还有，为什么我的看法跟你不一样？这样的。

访谈者：还有什么样的任务？因为你们口语的书有好多语言的表达方式，那个课后作业你记不记得，那样的，老师有没有课上让你们两个人一组做过？

S11：你的意思是说比如说用语言点，然后给我们语言点，然后我们用那些语言点说？

访谈者：对。

S11：当然有。

访谈者：你觉得那样的方式，用两个人一组的好吗？

S11：两个人一组的。

访谈者：你觉得完成这样的练习，对你的学习有没有帮助？

S11：我觉得用这样的办法，人多比较好，因为这个句子我知道它是对的，我不怕听别人的错，所以我会听更多的句子，不同的句子。

访谈者：那相比之下，一种是用语言点来完成句子，然后另外一种就是请你谈不同的看法，你觉得这两种哪种更好？

S11：老师给我们语言点。

访谈者：为什么？

S11：这个更高级，老师直接问我，你的看法是什么？我就会用在脑子里有的词汇造句子，这是我自己的意思，但是他给我一个语言点，然后这个句子当然比我想象的更好一些。

访谈者：你在和同学交流的时候，自己在汉语上的错误，比如语音语法词汇上，会注意到吗？

S11：当然，我想很快就说对的，比如说如果我用不对的发音，就会很快（意识到）这个不对，我再学一遍对的发音是什么。

访谈者：所以你会意识到是吧？

S11：嗯，不能说百分之一百。

访谈者：你跟同学这样交流的时候，你能意识到同学语言的错误？

S11：发音。

访谈者：词汇上、语法上（的错误），能感觉到吗？

S11：可能语法，因为我们水平差不多，所以如果我跟一样（水平）同学说话，可能会意识到他们的错，但是我们水平差不多，这有点难。

访谈者：比如说，如果你发现了同学的错误，你会去改正他吗？如果你发现同学的语言错误，比如他那个词语用得不对，或者他发音有很明显的问题，你会去改正他吗？

S11：我不敢。

访谈者：为什么？

S11：因为不一定我对。

访谈者：所以有的时候你可能意识到了他的错误？

S11：我觉得很奇怪，他用这个词在这个句子很奇怪，但是可能他说得对，我不知道。

访谈者：明白这个意思了，好的。那如果你的同学对你的语言提出了问题，他说你这个词说错了，你这个发音可能不对，你心里什么感觉呢？

S11：没有什么不好的感觉，长大了，19 岁。

访谈者：别人（说的）如果真的是个错误，他提出来的话，你会很愿意去改正吗？

S11：我会问他，那你觉得我怎么用更好一些？

访谈者：你们和同学这样聊天完成任务的时候，遇到过这样的情况吗？比如说他觉得你有问题，然后你们说出来会讨论一下。

S11：汉语课有这个机会，我们会写但不是说，我们会写，然后给别人，把我们的纸给别人。然后别人看我的文章，然后他会说，这个句子我觉得不对，你应该这样写，我会对别人这样说。但是口

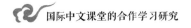

语没有这样。

访谈者：好的，那如果说你和同学在讨论的时候遇到了困难，比如这个词我们都不知道怎么说，怎么办？

S11：会说英语。

访谈者：别人会听得懂吗？

S11：比如像泰国学生或者韩国学生，他们英语水平不那么好，所以我会用英语的词，然后他们看我，（问）你在说什么，然后我发现，他没听懂我的意思，然后我会给他解释我要说什么，用汉语给他解释那个我不知道的词（是）什么意思。

访谈者：所以，有的时候就会用汉语来解释，你们会查字典或者问老师吗？

S11：我会查字典。

访谈者：好的，你觉得啊，这个因为这个叫互动嘛，因为你和同学要聊天，聊天和自己在那里说汉语它是不一样的，是不是？你和同学聊天的时候，如果他不同意你的看法，你可能用很委婉的方式表达不同意。或者为了让一个话题进行下去，比如说我认为我们可以这样那样，这是一些互动的策略。你觉得在课堂上，和同学之间这样的交流，会不会提高你用汉语跟别人互动的能力？

S11：当然，你知道为什么？因为我们是从不同的国家来的，然后看法不一样，文化不一样。我和韩国人、泰国人很少有共同点，可以说90%我们有不同的看法。

访谈者：对，像这样的情况，比如说我们怎么样让这个看法顺利交流下去，你觉得在这个交流中有帮助吗？

S11：当然有帮助。

访谈者：老师有没有特别地教过你们，如果我不同意别人看法的时候，如果我希望换一个话题的时候，用什么样的方式来表达？老师有没有教过你们？

S11：我们口语书里面有一部分，表达怎么你不同意。

访谈者：（老师）专门讲，还是平时让你们注意这样的练习？

S11：专门。

访谈者：（老师）专门讲几次，你觉得（对你）和同学之间的交流有帮助吗？还是（你们）聊着聊着就忘了，该怎么说（就）怎么说？

S11：他会反复地说，不是一次说完了，所以他会一次两次三次四次，所以这是留在我的脑子中。

访谈者：明白了。老师给你语言点你会有意识去用这些语言点吗？还是说因为你自己说起话来，可能会说一些更顺畅更简单的词语，你会怎么做，如果在（老师）给语言点的情况下？

S11：如果有必要的话，如果老师给我，应该用那我应该用。

访谈者：但是实际上，课堂上的练习没有那么严格，和考试不一样，对吧？所以老师可能只是给你（语言点）了，告诉你说，这些可以用，你会有意识地一定要去用它吗，还是根据自己的需要？

S11：我会用。因为我们在（讨论）同一个问题的时候，大家很激动，要说出自己的看法，但是有时候我们忘了，这是汉语课，这是口语课。我们要更多地说你的看法是什么，我的看法是什么。所以他们很激动，就用自己语言，然后说他们是怎么想的，但是我知道我不会改变他的看法，他也不会改变我的看法，那我的任务，就是用这些词说对的句子。

访谈者：明白，所以你就是有意识地学习使用老师让你们用的语言点，你这个意识还是很强的，对吧？

S11：嗯。

访谈者：学生都像你这样就好了。好，那我们接下来说，就是当你和同学在聊天的时候，你希望老师做什么？你希望老师站在旁边听着吗？

S11：不，老师站在我旁边，我就说不出来，什么都说不出来。

访谈者：会紧张吗？

S11：会紧张。

访谈者：你希望老师远远地站着，还是走一走转一转？

S11：走一走。如果他站在远的地方我们会聊别的事。

访谈者：站得很远？

S11：站得很远会聊别的事。

访谈者：你们在这样的活动中，聊别的事的机会多吗？常常聊别的事吗？什么时候会聊别的事？

S11：如果我和对方的关系很近，很亲近，我们有很多话说，所以我们会聊别的，但是如果是我旁边的人，我不太认识的，我们就会聊老师给我们的话题。如果我们是好朋友，那我们要说话。

访谈者：你们是用汉语聊别的，还是用英语聊别的？

S11：可能汉语。

访谈者：那就是你也希望老师走动起来，但是不要停你在身边？

S11：对。

访谈者：但是你刚才也提到了，就是这种课堂上学生之间的交流，难免会有一些语言错误什么的。比如说，如果老师转到你跟前，他听到了你的错误，你希望他现在，就给你改正吗？

S11：对，老师也会当时改我的句子。

访谈者：你觉得这样好吗？

S11：这样好。

访谈者：你不怕他打断你吗？影响你的思路？

S11：不会。

访谈者：好的。

S11：那时候他不改我的错，我会一直错。

访谈者：最理想的状态，我感觉其实老师听到你的错误，不打断你们，但是在你们聊完之后，老师说一说。

S11：这个有一个问题，因为这个句子是我自己造的，现在我跟同学聊天会用一些词造句子，然后老师再次问我，让我说我的看法，我会用别的方法说。所以那个刚才说的句子，不会提到，那个错误就留在我的脑子中，老师也没听我的错。我刚才说的我一个人站在那个前面，然后跟很多人说话，就会检查我的害怕感觉。

访谈者：懂了，比你直接自己上去要好，因为你先和同学交流过了？

S11：不，我的意思是如果有一个人在前台说话，会很紧张，这个紧张的感觉就出现了。

访谈者：就是减少了？

S11：对。

访谈者：三个人都站在上面减少了？

S11：因为汉语不是我的母语，所以我很害怕用这个语言说出我的看法，如果老师给我更多的机会一个人在前台站着，跟别人说那个大声地说，这个紧张的感觉会减少。

访谈者：你觉得现在姜老师给你们这样的机会多吗？

S11：多，不知道你意识到了没，有的学生站在那个前台的时候，就手会……

访谈者：不受控制了是吧，我懂这种感觉，这是非常非常紧张的时候，但是这样的练习，又是很必要的是吧。

S11：我觉得我们慢慢会习惯。

访谈者：对，说到这里我突然想到，其实姜老师每次让你们上台之前，除了那个每节课刚开始的报告以外，别的所有的都是在这种双人或者小组活动之后，让你们再去讲对吧？你觉得就是在讲之前的小组活动，对于你上去讲有什么帮助吗？

S11：如果像我听别人的看法，听明白我觉得老师的目的是，我听明白你的意思是什么，然后记住，然后说。

访谈者：好的，你觉得每次每一组上去的时间多不多？

S11：多。

访谈者：比如说你们六组，姜老师是每一组都要上去讲的。每一组都上去讲你觉得浪费时间吗？

S11：我觉得不浪费时间。

访谈者：为什么呢？

S11：如果他就选择一组二组的，我觉得那样比，因为我们已经准备了，我们也很紧张，是激动，想说一说。

访谈者：老师应该给这个机会？

S11：对，而且如果老师让我们每个组上台，然后说，我们会很认真地聊天，如果老师只说你们是六个组，然后聊，然后就两个组上台说，别的人不那么认真聊天，而且我们会选可能这次会是哪个组。

访谈者：有侥幸的心理是吗？可能这件事情不是我做，我就聊别的，所以这个也是一种督促？

S11：督促是什么意思？

访谈者：督促就是老师看着你们做这件事情，所以你们能做得更好，就是这个意思。

S11：对。

访谈者：那我想请你回忆一下，其实因为在高级的口语课上你们交流和表达的观点还有这个汉语都比较复杂了，你在××大学学口语的时候，那会儿你水平低，那会儿之后老师是怎么检查的，就是两个人聊完天老师一般会做什么？

S11：还是让你上台。

访谈者：每一组都能做到上台说吗？

S11：因为人很多。

访谈者：所以每次我可能只能找三四个人说一说，你觉得那样好吗？

S11：那样不好。

访谈者：但是人那么多，一组两个人，有那么多时间吗？

S11：没有别的方法。

访谈者：所以你希望每组都能说一说，是这个意思吗？

S11：嗯，但是去年我们不是两个人一组的，因为没有那么多时间每一组说一说自己的看法，所以五个人一组、四个人一组，然后一个人上台说别人的观点。

访谈者：五个人一组会不会太多了。

S11：26 个人。

访谈者：你有没有感觉，就是老师会不会就是比如说如果这一组咱俩聊天我说太多了，老师就会让我停一停，让你说，这样保证咱们俩都平等地在交流，老师有没有做过这样的事情？

S11：老师会做，更多时候我说太多了，我喜欢说话。

访谈者：你觉得这样老师让你给别的同学更多的一点机会的时候，你感觉怎么样？

S11：老师对啊。

访谈者：好，下面下一个问题就是你喜欢和什么样的同学交流，比如你喜欢跟会说英语的，或者和你一样爱说英语的同学在一起吗？

S11：如果是口语课当然不喜欢，因为我很容易会开始说英语，但是我不要这样。所以我比较喜欢跟泰国的在一组。

访谈者：说到这里我注意到姜老师每一次都让你们和不同的人在一组，你觉得这样好吗？

S11：当然，如果韩国人都在一起，会说韩语。

访谈者：所以你也喜欢姜老师这样（安排），和不固定的人在一起聊天是吗？如果你碰到特别内向的同学呢，他不爱讲话的时候你怎么办？

S11：没有碰到这样的。

访谈者：好，那我觉得还挺好的，你对性别上有没有，你是更希望和男生还是更希望和女生？

S11：跟男生。

访谈者：为什么？你们班男生少，只有四个人。

S11：你知道嘛，我没有女生朋友，很多都是男生，因为女生不理解我，尤其是那个韩国同学和泰国同学，我觉得我们住的地方很远，然后文化特别远，所以那个脑子……

访谈者：我懂了，你们的想法差异非常大？

S11：非常地大。

访谈者：可是你跟挪威男同学怎么样？

S11：他也是我的同学，所以我在课堂上我和男同学的关系比较好。和土库曼（斯坦的男生）。

访谈者：你们两个国家有很多文化相通的地方。

S11：对。

访谈者：明白了，但是姜老师安排的话，安排更多的时候你还是和女同学在一起。

S11：对啊。

S11：现在下一个问题，就是在课堂上和同学的交流，我注意到姜老师每次给你们10分钟的时间，10分钟是比较多的，给10分钟的次数也比较多。你觉得10分钟时间长短合适吗？太长了还是太短了？

S11：有点长。

访谈者：为什么觉得有点长？

S11：因为没有那么多想法，10分钟说话。

访谈者：你觉得几分钟合适？

S11：6分钟就够了，5分钟就够了。

访谈者：我觉得姜老师告诉你们10分钟，卡得还是很准的，说10分钟就是10分钟。但是你还是觉得有点长？

S11：我还是觉得有点长。

访谈者：因为在我的课堂上，我一般就是给他们5分钟时间。但是，我又怕大家说得不是很充分，但是你觉得10分钟有点长了。好，那我了解了。你觉得在课堂上这种和同伴之间的汉语交流，对你汉语学习最大的帮助是什么？

S11： 说汉语的机会。

访谈者： 对，还有吗？因为你也提到那个人也是外国人，你跟他一起讲汉语，可能你们两个都犯了错误，你们谁也不知道。

S11： 我现在想我和同学在讲一个话的时候，虽然他在说话，但是我还是在想……

访谈者： 我该说什么？

S11： 我该说什么，所以不会那么认真地听别人在说什么，因为我知道你说完后就是轮到我，我要准备。

访谈者： 其实虽然看上去是两个人一起在聊天，但是实际上好像没有互动是不是？就是你说完了该我了。

S11： 对，你刚才说什么我不知道。

访谈者： 那我觉得这是任务的问题，比如辩论的时候你必须得听对方在说什么，对吧？

S11： 这个跟团队有关。

访谈者： 你喜欢那种他说话的时候，其实我在想我应该说什么那样的练习呢，还是喜欢相互辩论这样的：我必须得听你在说什么，然后我才能发言？在同学们的交流当中，你喜欢哪样的任务？

S11： 我现在的汉语水平，我喜欢先想，想好，自己再怎么造句子。因为我刚才说了，我是怎么想的。我的看法和你的看法是一样的还是不一样的，没有那么重要的。我应该找对的句子，我现在的汉语水平，不是你说然后我突然回答你，我应该想，有一点点的时间想好，我的句子。这样会有更高级的词、更高级的语法、更高级的语言点。但是，学生的水平不一样，我的水平，我觉得我需要这样的办法，可能别人不需要花很多时间想，他就会回复你。

访谈者： 我懂了，所以我觉得是不是可能老师这样安排你觉得会好一点：比如接下来我们要有小组活动，或者双人活动了，但是我给你2分钟的时间，请你先想一想，然后2分钟时间想完了，我们的小组活动再开始。

S11：我觉得是这样，给我们 10 分钟，是这样，1 ~ 2 分钟先让我们不说话。

访谈者：我注意到了。

S11：我们在想，对啊，所以现在我觉得，姜老师给我们的时间也不那么长。

访谈者：包括了你们想的时间。

S11：对。

访谈者：我觉得你说得特别好，小美，其实老师可以再明确一下，就是我就给你 3 分钟时间让你想，因为你们已经到了比较高级的水平，两个中国人在一起聊天，如果想聊比较正式的话题，那可能还得准备准备，是吧？如果上来就让你们两个人说，这样也不太好是吧？

S11：会说，但是会用简单的词。

访谈者：我理解了，特别是有一些比较重要的语言点，如果我给你时间让你想一想，可能会用得更充分，对不对？最后一个问题，就是一般来说，我们看口语对你汉语的促进，有语音上的、语法上的、词汇上的；还有比如说，让你的表达更流利，或者说让你的表达更复杂，让你的表达更准确，你觉得我刚才提到这几方面，哪方面促进最大？

S11：对我的汉语？

访谈者：对你的汉语来说，仅仅是增加了说汉语的机会吗？对你说得更流利、说得更准确、说得更复杂，你觉得有帮助吗？

S11：我有更多的机会说汉语，我知道的词很多，但是说不出来。现在要说话，可能意识到我知道一个词，但是从来没有说出来那个词，可能第一次说出来那个发音可能不对，但是我在脑子里知道第一个字是一声，第二个字是二声，那我再一次会说出那个词。

访谈者：所以对词汇的那个练习是有帮助的，词汇发音。

S11：对。

访谈者：那就是更准确，我可以这样理解吗，说得更准确一点，有没有更加地让你觉得这样的练习让你的说话更流利了呢？流利就是更顺畅的意思。

S11：嗯，你说几种很简单的句子，比如你好你怎么样这样的，如果我有更多的机会说你怎么样，第 10 次会说你怎么样，说得更快、更流利。

访谈者：在更复杂上，你觉得有没有提高？这个可能对你来说太专业了，我换一个方式来问，就是这样的练习，对你和中国人的互动上，互动这个能力和技巧上你觉得有提高吗？

S11：当然有。

访谈者：总的来说，就是在课堂上和同学之间交流的活动，对汉语学习还是有帮助的是吧？

S11：是。

访谈者：你觉得是必要的吗是必需的吗，口语课？

S11：必需的，因为我没有中国朋友。

访谈者：好，我的问题都问完了，非常感谢你小美，希望这次访谈结束之后，我可以成为一个你的中国女生的朋友，好吗？

附录 7　国际中文课堂合作学习环境量表

亲爱的同学们:

　　为了帮助你在国际中文课堂的分组活动中更好地学习汉语,我们正在进行一个调查研究。请在符合你个人情况的选项上打"√"。本调查结果仅供学术研究,我们将对你的个人信息保密。谢谢你的帮助!

　　• 基本信息

　　1. 性别: □男　□女

　　2. 国籍_____

　　3. 年龄_____

　　4. 汉语学习年限　□<1 年　□1–2 年　□2–3 年　□>3 年

　　5. 在中国学习汉语的时间　□<半年　□1 年　□1 年半

□2 年　□>2 年

　　6. HSK 成绩　HSK ____级, ____分。　□未参加

　　• 请注意,以下题目都是你在课堂里参加分组活动时的感受

(分组活动中)同学间的亲和关系	从不这样	很少这样	有时这样	经常这样	总是这样
A1. 我和同学相互熟悉。	1	2	3	4	5
A2. 我和同学能建立友谊。	1	2	3	4	5
A3. 分组活动时,同学帮助我。	1	2	3	4	5
A4. 分组活动时,我帮助同学。	1	2	3	4	5
A5. 同学们都喜欢我。	1	2	3	4	5

（分组活动中）教师的支持	从不这样	很少这样	有时这样	经常这样	总是这样
B1. 老师关心我。	1	2	3	4	5
B2. 我有问题时，老师会停下来帮助我。	1	2	3	4	5
B3. 老师的解答可以帮助我理解。	1	2	3	4	5
B4. 老师会在意我的感受。	1	2	3	4	5
B5. 老师会和我聊天。	1	2	3	4	5
B6. 老师会主动纠正我的汉语错误。	1	2	3	4	5
（分组活动中）同学间的合作	从不这样	很少这样	有时这样	经常这样	总是这样
C1. 同学和我讨论怎样完成任务。	1	2	3	4	5
C2. 我发表我的想法。	1	2	3	4	5
C3. 我向同学解释我的想法。	1	2	3	4	5
C4. 同学接受或同意我的想法。	1	2	3	4	5
C5. 我和同学合作完成分组活动。	1	2	3	4	5
C6. 我会向老师提问。	1	2	3	4	5
（分组活动的）任务取向	从不这样	很少这样	有时这样	经常这样	总是这样
D1. 我和同学清楚分组活动的目标。	1	2	3	4	5
D2. 我和同学努力完成分组活动的任务。	1	2	3	4	5
D3. 我和同学能够实现分组活动的目标。	1	2	3	4	5
D4. 分组活动有意思，引起我学汉语的兴趣。	1	2	3	4	5
D5. 分组活动对我的汉语学习有帮助。	1	2	3	4	5
（分组活动中的）平等性	从不这样	很少这样	有时这样	经常这样	总是这样
E1. 老师重视所有人提的问题。	1	2	3	4	5
E2. 老师帮助我和帮助其他同学一样多。	1	2	3	4	5
E3. 老师鼓励我和鼓励其他同学一样多。	1	2	3	4	5
E4. 小组里我发言的机会和其他同学一样多。	1	2	3	4	5
E5. 小组里我发言的时间和其他同学一样长。	1	2	3	4	5
E6. 我的小组同学总是不固定的。	1	2	3	4	5
E7. 我的小组同学来自不同国家。	1	2	3	4	5
E8. 我的小组人数有点多。	1	2	3	4	5

续表

（分组活动中）学生的责任	从不这样	很少这样	有时这样	经常这样	总是这样
F1. 我纠正同学的语言错误。	1	2	3	4	5
F2. 同学纠正我的语言错误。	1	2	3	4	5
F3. 我能意识到自己的语言错误。	1	2	3	4	5
F4. 我可以影响同学的想法。	1	2	3	4	5
F5. 我鼓励同学参与小组活动、讨论。	1	2	3	4	5
F6. 我和同学讨论与小组活动无关的内容。	1	2	3	4	5
（分组活动中）教师的领导	从不这样	很少这样	有时这样	经常这样	总是这样
G1. 老师给我们安排很多分组活动。	1	2	3	4	5
G2. 老师的活动说明清楚明白，容易理解。	1	2	3	4	5
G3. 老师会检查我们是否明白了活动要求。	1	2	3	4	5
G4. 老师限制分组活动的时间。	1	2	3	4	5
G5. 老师要求我们展示活动内容。	1	2	3	4	5

后　记

本书是在我博士学位论文基础上增修完善而成的。行将付梓之际，谨向所有关心、帮助我的师友与家人，诚致谢忱。

深深感谢我的博士生导师，北京大学对外汉语教育学院刘元满教授。是敬爱的刘老师引领我走上国际中文教育的专业之路，从求学到工作，一路走来，离不开老师的悉心指教、耐心开导与暖心宽慰。谢谢您，刘老师，当我走向您的时候，我原想收获一缕春风，您却给了我整个春天！

诚挚感谢北京大学对外汉语教育学院对我不吝指导与赐教的赵杨教授、汲传波教授、杨德峰教授、李红印教授、徐晶凝教授、辛平教授、王添淼研究员。感谢学院刘立新副教授、周守晋副教授、任雪梅副教授、董琳莉副教授在我研究设计或数据收集环节提供的热情支持与协助。

衷心感谢中国人民大学李泉教授，北京语言大学姜丽萍教授、刘长征教授，北京师范大学马燕华教授对研究提出的宝贵意见与建议。感谢北京大学教育学院陈向明教授、林小英副教授，二位老师的课程深入浅出、精彩纷呈，带我走入质性研究方法的大门。

感谢各位允许我走进课堂展开观察、收集学生合作学习对话语料并接受访谈的老师，以及接受我访谈的各位留学生同学，受限于质性研究保护隐私的伦理原则，不能一一公布姓名。在此真诚感谢各位老师与同学，没有你们的同意与帮助，就没有我收集研究数据的可能。

感谢北京体育大学人文学院领导、同仁的大力支持，研究得以申报教育部人文社科研究项目，书中部分内容也得以在业内学术研讨会上报告并得到同行专家赐教，在此诚表谢意。感谢社会科学文献出版社祝得彬先生、仇扬女士为书稿出版付出的辛勤工作。

最后，感谢深爱我的家人。一路走来，家庭永远是我温暖的港湾与力量的源泉。感谢父母养我育我，是我最好的榜样，总是全力以赴支持我追寻梦想。书稿付梓之时，父亲已因病故去，天上人间，思念绵长。感谢丈夫与儿女爱我懂我，让我变得更加坚强。家人的关爱与支持将继续温暖着我，伴我勇敢前行。

刘　路

2023 年 11 月 4 日　于北京

图书在版编目（CIP）数据

国际中文课堂的合作学习研究 / 刘路著. -- 北京：
社会科学文献出版社，2023.12
ISBN 978 - 7 - 5228 - 2859 - 6

Ⅰ.①国… Ⅱ.①刘… Ⅲ.①汉语 - 对外汉语教学 -
教学研究 Ⅳ.①H195.3

中国国家版本馆 CIP 数据核字（2023）第 224145 号

国际中文课堂的合作学习研究

著　　者 / 刘　路

出 版 人 / 冀祥德
组稿编辑 / 祝得彬
责任编辑 / 仇　扬
责任印制 / 王京美

出　　版 / 社会科学文献出版社·当代世界出版分社（010）59367004
　　　　　　地址：北京市北三环中路甲 29 号院华龙大厦　邮编：100029
　　　　　　网址：www.ssap.com.cn
发　　行 / 社会科学文献出版社（010）59367028
印　　装 / 三河市尚艺印装有限公司

规　　格 / 开　本：787mm × 1092mm　1/16
　　　　　　印　张：14　字　数：186 千字
版　　次 / 2023 年 12 月第 1 版　2023 年 12 月第 1 次印刷
书　　号 / ISBN 978 - 7 - 5228 - 2859 - 6
定　　价 / 98.00 元

读者服务电话：4008918866